以物明理

——物理实验素养发展指导教程

孙炳盛　王益军　主编

苏州大学出版社

图书在版编目(CIP)数据

以物明理：物理实验素养发展指导教程 / 孙炳盛，王益军主编. —苏州：苏州大学出版社，2021.3
ISBN 978-7-5672-3497-0

Ⅰ. ①以… Ⅱ. ①孙… ②王… Ⅲ. ①中学物理课—实验—教学参考资料 Ⅳ. ①G634.73

中国版本图书馆 CIP 数据核字(2021)第 049306 号

以物明理

——物理实验素养发展指导教程

孙炳盛　王益军　主编

责任编辑　周建兰

苏州大学出版社出版发行
（地址：苏州市十梓街 1 号　邮编：215006）
镇江文苑制版印刷有限责任公司印装
（地址：镇江市黄山南路 18 号润州花园 6-1 号　邮编：212000）

开本 700 mm×1 000 mm　1/16　印张 8.5　字数 137 千
2021 年 3 月第 1 版　2021 年 3 月第 1 次印刷
ISBN 978-7-5672-3497-0　定价：32.00 元

若有印装错误，本社负责调换
苏州大学出版社营销部　电话：0512-67481020
苏州大学出版社网址　http://www.sudapress.com
苏州大学出版社邮箱　sdcbs@suda.edu.cn

本书编写组

主　　编：孙炳盛　王益军

副 主 编（按姓名拼音排序）：

曹　宏　何汉东　金萍英　刘　鹏

宋海荣　王新锋　徐卫兵　赵小军

编写人员（按姓名拼音排序）：

陈晓倩　丁良峰　丁娅婷　郭　威

惠宇洁　季　蓉　宋海燕　王驰明

王卫兵　王晓娟　许　敏　姚春贤

张淑燕　朱昭营

前 言

物理实验是物理学的基础，是检验物理理论正确与否极其重要的手段，因此，物理实验教学是科学教育的重要环节。常规中学物理演示实验和分组实验主要围绕课内教学展开。实践告诉我们，只有课内实验并不能满足所有学生对物理学习的需要。本书力求在中学物理常规实验之外进行一定的拓展，用丰富而形象的实验来激发学生的学习兴趣，培养学生的观察能力和动手能力，启发学生主动思考，拓展知识面，在看与做中领悟现象背后的物理道理，为今后的学习打下更加坚实的基础。

本书是西安交通大学苏州附属中学省级物理学科发展创新中心的建设成果。西安交通大学苏州附属中学省级物理学科发展创新中心以“传播科学知识，锻炼科学思维，实践科学技能，培养科学兴趣”为宗旨，设计开发了一系列面向未来的课程体系，让学生在学习中不断领悟物理学的丰富内涵和解决问题的独特方法。课程不拘泥于大纲，不拘泥于课本，以学科本身为切入点，以学生发展为关注点，把物理学的广阔图景以合适的方法呈现给中学生，激发学生学习科学的兴趣，培养未来创新型人才。

本书由西安交通大学苏州附属中学物理组的孙炳盛、王益军主编，物理组的其他老师也参与了编写工作，本书围绕学校物理探索实验室设备的使用和课程的开发展开。在编写本书的过程中参考了国内外相关文献资料，也引用了网络上的相关图片和文字，在此向原作者一并表示感谢！

限于编者水平有限，书中难免有不妥之处，敬请读者多提宝贵意见。

编 者

2020 年 10 月

目录 Contents

1 弹簧驻波

一、装置介绍

弹簧驻波装置是由一个振动信号源、一根弹簧以及弹簧的固定支架组成的，使用时利用支架将弹簧竖直放置在振动信号源的上方。

二、使用方法

为了方便看清弹簧的形态，使用前可在装置背后放置一张白纸。操作时，打开振动信号源的电源开关，适当调节幅度，使弹簧发生振动。然后在信号源上缓慢调节频率，最终能够在弹簧上看到有些位置固定不动，非常清晰，而有些位置振动很大，以至于模糊不清，即弹簧上呈现出明显的波节（始终不振动的点）和波腹（振幅最大处），形成了驻波（图 1-1）。当用手捏住波节时，弹簧依旧振动；当用手捏住波腹时，上方的弹簧便停止振动。

如果想让实验现象更明显，此时可以再适当增大电压，同时缓慢改变频率，直到再次出现明显的波节和波腹。

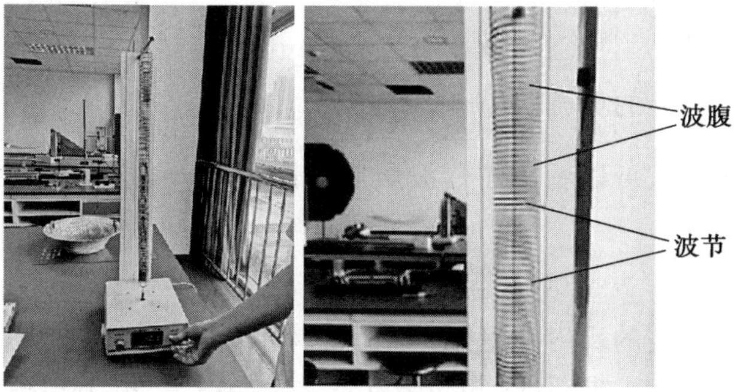

图 1-1 驻波的形成

三、物理原理

弹簧驻波本质上是一种波的叠加现象。弹簧振动起来后，弹簧上的纵波在对应的固定端被反射，反射波与入射波是相干波且振幅相等，反射波与入射波叠加形成驻波。

设自下而上传播的波的方向为 x 轴正方向，以某一波腹为坐标原点，以某次振幅达到最大时为计时起点，则波的方程为

$$u_1=A\cos 2\pi\left(\nu t-\frac{x}{\lambda}\right)$$

反射波的方向从上向下，波的方程为

$$u_2=A\cos 2\pi\left(\nu t+\frac{x}{\lambda}\right)$$

两列波相遇后叠加，合成波的方程为

$$u=u_1+u_2=A\cos 2\pi\left(\nu t-\frac{x}{\lambda}\right)+A\cos 2\pi\left(\nu t+\frac{x}{\lambda}\right)$$

利用三角函数的和差化积公式，上式又可变为

$$u=2A\cos 2\pi\frac{x}{\lambda}\cos 2\pi\nu t$$

这就是驻波的波函数，可以看出各点都在做简谐运动，各点的振幅随位置 x 周期性变化。从该方程可以看出：

波腹的位置：$\left|\cos 2\pi\frac{x}{\lambda}\right|=1$，即 $x=k\frac{\lambda}{2}(k=0,\pm1,\pm2,\pm3,\cdots)$。波腹处的振幅为原波振幅的 2 倍。

波节的位置：$\left|\cos 2\pi\frac{x}{\lambda}\right|=0$，即 $x=(2k+1)\frac{\lambda}{4}(k=0,\pm1,\pm2,\pm3,\cdots)$。波节处的振幅为零。

从上面两式可以看出相邻波腹间的距离为$\frac{\lambda}{2}$，相邻波节间的距离也为$\frac{\lambda}{2}$(图 1-2)。

由于入射波的反射点是固定不动的，所以它一定是波节。因此，入射波在固定端发生反射时，相位发生了 π 的突变。由于相距半个波长的两点的相位差为 π，所以相位差为 π 的突变相当于损失了半个波长，这种现象又被称为“半波损失”。

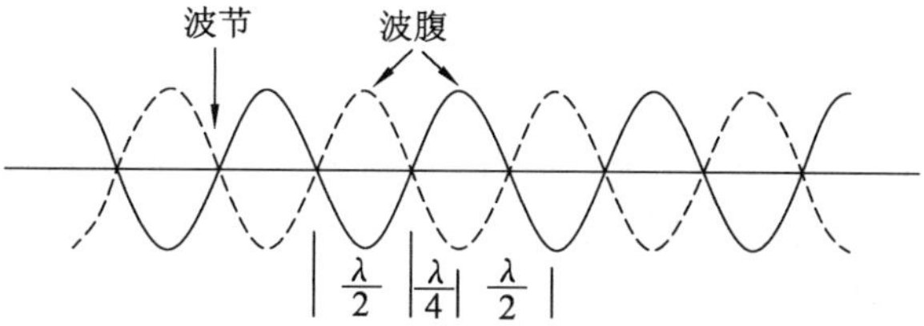

图 1-2 不同位驻波的波形

四、拓展延伸

1. 驻波与弦乐器

驻波广泛存在于各种振动现象中，管、弦、膜、板的振动，都能够形成驻波。当不同的乐器，如吉他（图 1-3）和小提琴（图 1-4）奏出相同的音调时，我们根据音色不同可以很容易将其区分开来，而导致音色不同的原因是乐器的声音并不是由单一成分的频率构成的，而是由一组满足倍数关系的频率构成的。

图 1-3 吉他

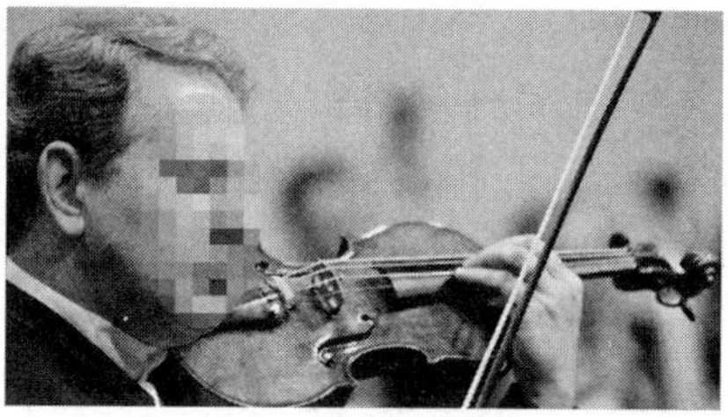

图 1-4 小提琴

对于弦乐器上两端固定的弦，假设在初始时刻对弦的某位置施加一扰动，这扰动就会向两个相反方向传播。由于弦的两端是固定的，因而在端点处，这种扰动的传播会被发射回来，最终弦线的振动将会形成驻波。

由于驻波中相邻两波腹或相邻两波节的距离都是半波长$\frac{\lambda}{2}$，弦的两端是波节，所以波长 λ 与弦线 l 满足 $l=k\frac{\lambda_k}{2}$。

结合波源的振动频率 f 与波长λ、弦的张力 T 和线密度u 的关系：$\lambda=\frac{1}{f}\sqrt{\frac{T}{u}}$，得到表达式

$$f_k=\frac{k}{2l}\sqrt{\frac{T}{u}}$$

式中，f_k 代表弦的振动频率，也称固有频率。由于 k 值可以变化，所以振动具有一系列特定的数值。

当 $k=1$ 时，此时的频率最低，叫作弦的基频；$k>1$ 的各次频率被称为泛频，它们都是基频的整数倍，亦称谐频。基频的声音称为“纯音”，听起来会比较单调、干涩；含有谐频的声音称为“泛音”，听上去则丰满、圆润。一般情况下，弦上能激起的驻波是基频的驻波和各次谐频的驻波的混合。各种乐器的音色不同，本质原因就在于它们包含的各次谐频驻波的比例不同。

2. 驻波与低频噪声

现在很多家庭都有自己的影音室，但由于房间空间有限，驻波成了听音享受的最大影响。当声音通过空气传递到墙壁反射回来时形成驻波，某些频率的反射声正好与原声的振动方向相同，那么这个频率的声音就会被加强，音量就变大了。也有些频率的反射声正好与原声的振动方向相反，于是这个频率的声音就减弱了。相比于高频驻波，低频驻波不容易受到房间物品的干扰而改变传播方向，所以我们更容易被低频驻波所干扰，常常会在影音室听到非常低的轰隆轰隆的噪声（图 1-5）。虽然驻波无法被完全消除，但是可以减弱。我们知道，声音每经过一次反射，能量就会减弱很多，所以实际上驻波问题基本上都是由“一次反射（主反射）声”造成的，也就是第一次反射的声音。因此，只要我们能避免这种声音，就可以极大地减弱驻波。目前比较主流的做法是改变墙壁的角度，以此改变一次反射声的方向，使其偏离我们的耳朵，从而减弱低频噪声，比如录音室、声学消音室，还有我们平常去的电影院、剧院等，这些地方的墙壁一般都设计成不平行的（图 1-6、图 1-7）。

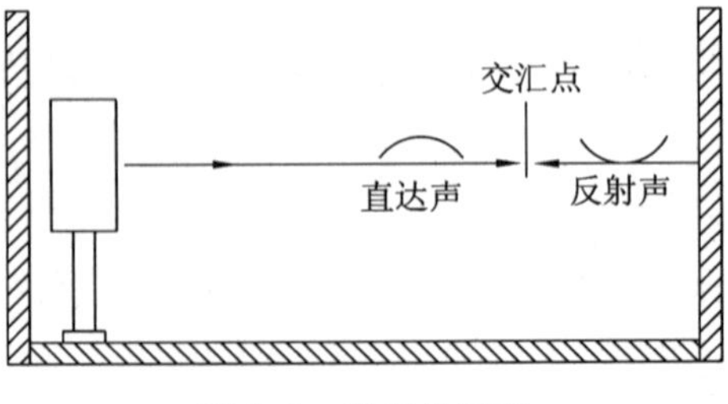

图 1-5　噪声的形成

图 1-6 声学消音室的墙壁

图 1-7 录音室的天花板

2 昆特管

一、装置介绍

昆特管由透明玻璃管(图 2-1)、扬声器(图 2-2)以及轻质泡沫小球或煤油组成,扬声器发出的声波频率可变化。

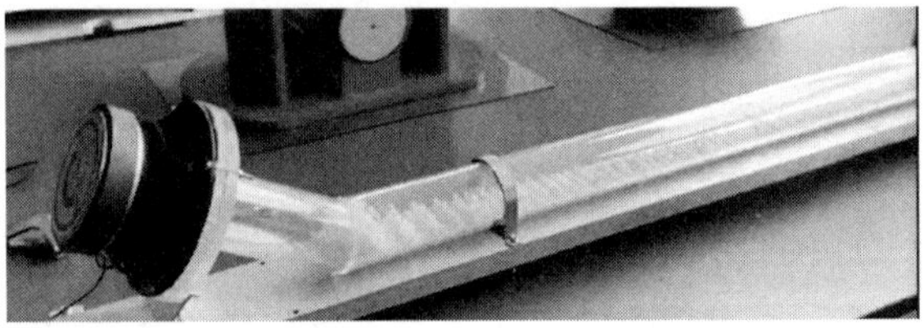

图 2-1 放有泡沫小球的水平玻璃管

图 2-2 扬声器

二、使用方法

在一端开口、一端封闭的透明玻璃管内放入适量泡沫小球,开口端与扬声器紧密连接,并将玻璃管水平放置在桌面上。打开扬声器,可以观察到泡沫小球集中在玻璃管中的局部区域并溅起一定高度,同时伴有“空气柱”的共鸣声音(图 2-3)。如果改变声波的频率,泡沫小球的排列状态会发生变化。

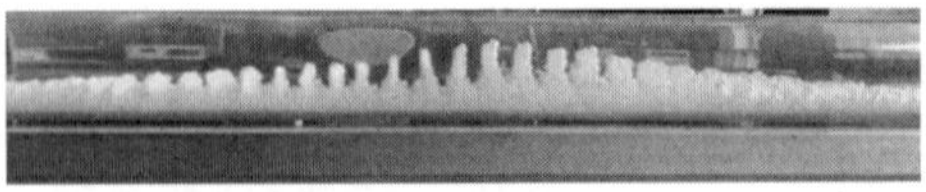

图 2-3 管中驻波

三、物理原理

昆特管实验演示了声音驻波的形成(与弹簧驻波类似)。扬声器以一定频率发出的声波通过玻璃管的开口端对管内空气进行周期性地压缩和拉伸，从而形成了纵波。玻璃管的封闭端是声波的反射面，因此，同频率、同振幅的入射波和反射波在玻璃管内相互叠加形成驻波。此时在波腹处空气振动产生的振幅最大，空气密度最小，因此压强最小，泡沫小球能被"吸"起；在波节处空气静止不动，密度最大，压强最大，小球被"压"在玻璃管中。

四、拓展延伸

1. 测声速

昆特管中的驻波可以用来测量声速。不难发现，玻璃管与扬声器的连接处空气柱的振动最为激烈，因此开口端为波腹处，而封闭端为波节处。相邻两个波腹之间的距离为$\frac{\lambda}{2}$，波腹与波节之间的距离为$\frac{\lambda}{4}$，因此，若统计出玻璃管中共有 $n+1$ 个波腹，玻璃管的长度为 L，则有 $L=(2n+1)\frac{\lambda}{4}$，再根据 $v=\lambda f$，即可测出声速。

2. 管乐器

昆特管一端封闭时我们能听到细微的"空气柱"的共鸣声，因为此时形成的空气驻波与系统发生了共振，但由于声音被限制在管内，因此人耳能听到的微乎其微。若将其封闭端打开，我们能明显感受到因共振而产生的声音，管乐器就是利用类似的原理而制成的。管乐器按开口的不同可以分为开管和闭管。顾名思义，开管的一端为送气口，另一端敞开；闭管的一端为送气口，另一端封闭。常见的开管乐器有竹笛(图 2-4)、双簧管(图 2-5)，而闭管乐器有排箫(图 2-6)、木琴(末端封闭，图 2-7)。

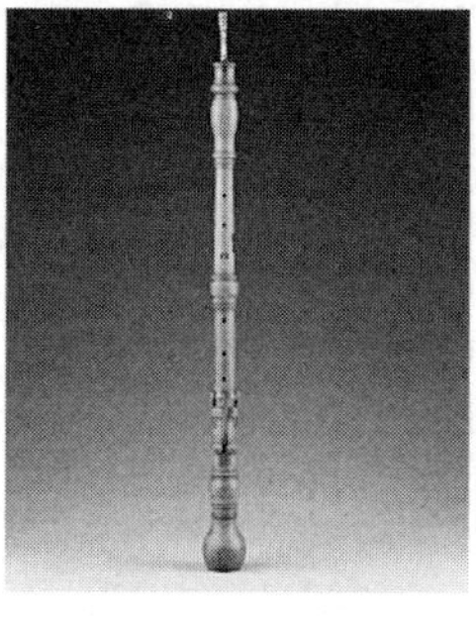

图 2-4 竹笛

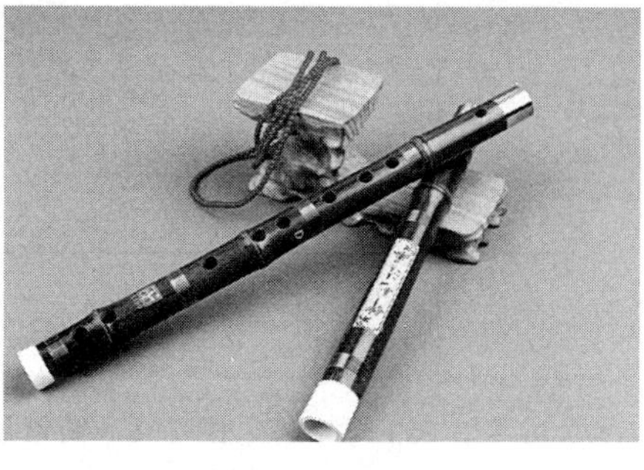

图 2-5 双簧管

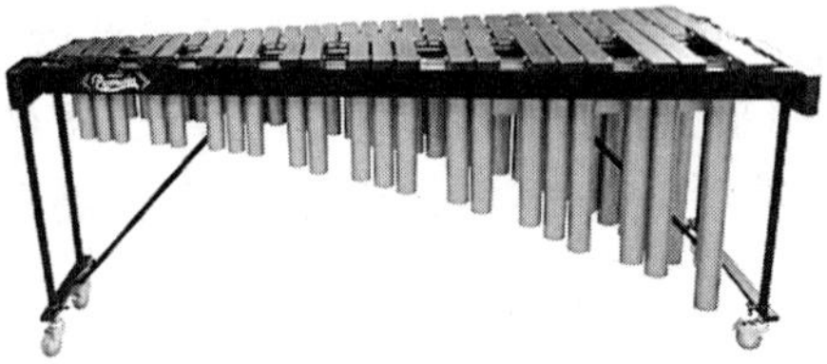

图 2-6 排箫

图 2-7 木琴

开管乐器中的空气柱振动时，中心处为波节，两端为波腹；闭管乐器中空气柱振动时，开口端为波腹，封闭端为波节。

以两端开口的竹笛为例，对于传播于其中的声音而言，笛管就是共鸣腔。假设笛口处声源做简谐运动，则振动方程可以表示为 $y=A\cos(2\pi ft)$，其中 A 为振幅，f 为振动频率。声源振动带动空气振动，形成了与声源振动方向、振幅、频率均相同的简谐波，如图 2-8(a)中 1 所示，波动方程可以写成 $y=A\cos\left[2\pi\left(ft-\frac{x}{\lambda}\right)\right]$，其中 $\lambda=\frac{v}{f}$，v 是波速，x 是振动质点到吹口处的距离。当这列简谐波传播到另一端开口处时，由于管内外空气密度不同，导致声波反射，形成一列传播方向相反的简谐波，如图 2-8(a)中 2 所示，波动方程为 $y=A\cos\left[2\pi\left(ft+\frac{x}{\lambda}\right)\right]$，这两列波在笛管中发生干涉形成驻波，如图 2-8(a)中 3 所示，驻波方程

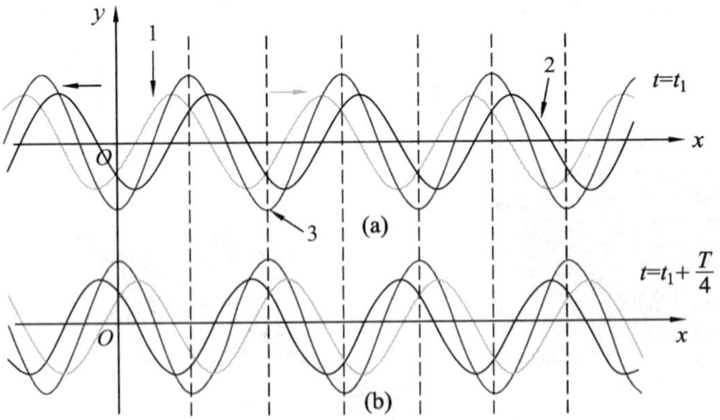

图 2-8 简谐波

为 $y=2A\cos\left(2\pi\dfrac{x}{\lambda}\right)\cos(2\pi ft)$.当过了$\dfrac{T}{4}$后,此时1、2、3三者的图像如图2-8(b)所示。

对于管长一定的笛子而言,并不是任意波长的波都能在管中形成驻波,声波波长要与笛子共鸣腔的长度满足一定条件,即

$$L=\frac{n\lambda_n}{2},\ n=1,2,\cdots \tag{2-1}$$

驻波频率表达式为

$$f_n=\frac{nv}{2L},\ n=1,2,\cdots \tag{2-2}$$

其中,v表示波速,即声波在空气中的传播速度。

由式(2-2)可知,当管长一定时,振动频率可以有所不同。当$n=1$时,$f_1=\dfrac{v}{2L}$,频率最低,被称为基频;以此类推,f_2,f_3,…则被称为二次谐频、三次谐频等。

当笛子共鸣腔的长度发生变化时,对应的振动频率也发生变化,因此音调的高低也会有所不同。例如,笛子的音管上有若干个与大气相连的小孔,演奏人员可以通过按压不同位置处的小孔改变空气柱的长度,以此改变共鸣腔的频率和音调。

3. 昆特简介

声悬浮现象是由德国物理学家奥古斯特·昆特(August Kundt,图2-9)最早发现的。

图2-9 昆特

1839年11月18日,昆特出生于德国梅克伦堡,1861年,进入柏林大学学习数学和天文学,但他更感兴趣的却是物理学。当时物理学院的院长是著名的实验家古斯塔夫·马格努斯,就是马格努斯效应的发现者,他明晰的讲课风格和完美的实验认证吸引了一大批热情的学者。马格努斯每周抽出时间在家里举办沙龙,和小圈子范围内的青年学生探讨物理问题。昆特就是其中的一员,由于昆特才思敏捷,多才多艺,1863年,马格努斯把他收到了自己门下,并手把手地传授他实验技能。马格努斯是位富商的儿子,他把自己的财产都投入自己的实验室。昆特进入马格努斯实验室后,便开

始了他的物理学习之路。

1866 年，27 岁的昆特已经是一位实验高手，他完美地完成了气体、固体的声速测量，就是这个声速测量实验，让他意外地发现：反应管内的尘埃颗粒在声波下可以悬浮舞动。通过这些尘埃有规则的悬浮舞动，他敏感地发现了发射波和反射波叠加后的驻波场及声悬浮现象。

昆特这篇测量声速的论文发表在 1866 年的物理年鉴上，现在哈佛大学图书馆里还保留着这篇原文(图 2-10)。

1866. ANNALEN No. 4.
DER PHYSIK UND CHEMIE.
BAND CXXVII.

I. Ueber eine neue Art akustischer Staubfiguren und über die Anwendung derselben zur Bestimmung der Schallgeschwindigkeit in festen Körpern und Gasen; von Dr. August Kundt.

(Vom Hrn. Prof. Magnus der Akad. d. Wiss. zu Berlin im Auszuge mitgetheilt im Mai 1865.)

图 2-10　昆特论文原文

昆特用于测量声速的谐振管，被后人称为“昆特管”(Kundt tube)，图 2-11 所示就是昆特当时使用的昆特管。

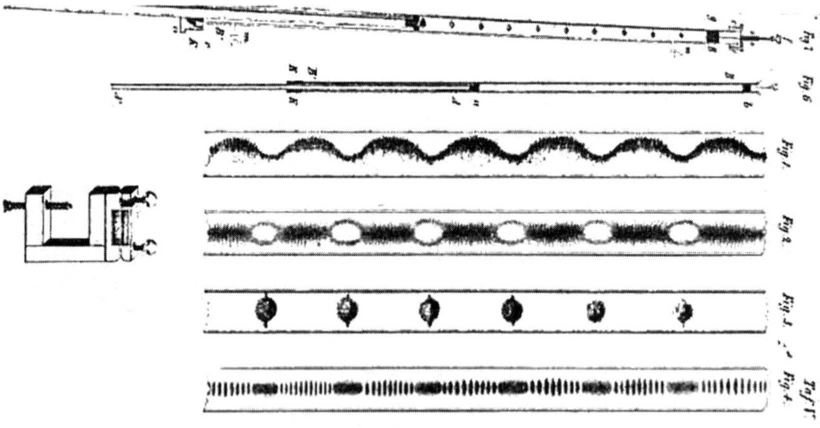

图 2-11　昆特使用的昆特管

从图 2-11 可以看出，在声场中，这些尘埃颗粒可以有序地悬浮跳动，这就是声悬浮的起源。

1866 年，昆特的声速测量实验可谓让他一战成名。1867 年，年仅

28 岁的他就已经发表了 14 篇研究论文，并被他的导师马格努斯聘为助手，特许他以讲师的身份在柏林大学讲课。1868 年，昆特被瑞士苏黎世联邦理工大学聘为物理学教授。他不仅动手能力出众，讲课也很出色。有一位叫伦琴的工程系博士生听了昆特的课后，改变了自己的职业生涯，从工程专业转到了物理专业，并拜在了昆特门下，当时昆特 29 岁，伦琴 23 岁。1870 年，昆特回到德国维尔茨堡接替鲁道夫成为维尔茨堡大学物理系主任，伦琴作为助手跟他一起前往。这个伦琴就是后来大名鼎鼎的 X 射线的发现者，也是诺贝尔物理学奖的获得者。

昆特“驻波法测量声速”的方法和思路，在 20 年后还启发了另一位要测量电磁波速度的年轻科学家，他就是昆特的学生赫兹，赫兹用驻波法不仅测出了电磁波的速度就是光速，还证实了麦克斯韦理论。频率的国际单位就是以他的名字赫兹来命名的。

1888 年，昆特接替他的同门师兄亥姆霍兹成为德国实验物理学会主席、德国物理研究所所长。

1939 年，昆特诞辰 100 周年，《自然》杂志专门在 11 月 18 日发表了一篇昆特的生平以示祭奠(图 2-12)。

图 2-12 《自然》杂志纪念昆特诞辰 100 周年文章

1990 年，美国内布拉斯加林肯大学历史系的 David Cahan 发表了一篇长达 23 页的文章，文章的题目是《从尘埃到气体动力学：昆特和 19 世纪 60—70 年代改变自然的实验物理学》，文中详细回顾了昆特和实验物理学的发展历程，确立了昆特在实验物理学的领导地位。

3 青铜鱼洗

一、装置介绍

图 3-1　青铜鱼洗

青铜鱼洗又被称为青铜喷水震盆(图 3-1)，是由青铜浇铸而成的薄壁器皿，形似当今的洗脸盆，底部呈扁平状，盆上左右两端安有对称的两只“把手”，称为“双耳”。在盆的底部刻有四条“汉鱼”浮雕，鱼嘴处的喷水装饰线沿盆壁向上蔓延。这种器物在先秦时期已被普遍使用，而能喷水的铜质鱼洗大约出现在唐代。

二、使用方法

在盆中注入一定量的清水，双手蘸水后用手掌内侧来回摩擦双耳(图 3-2)，可以看到盛在鱼洗内的水如喷泉一般从四条鱼嘴中喷射而出，并伴随有鱼洗发出的嗡鸣声(图 3-3)。如果不能成功，则需要用肥皂洗去手上的油脂再尝试，但不能用洗手液洗手。

图 3-2　双手摩擦双耳

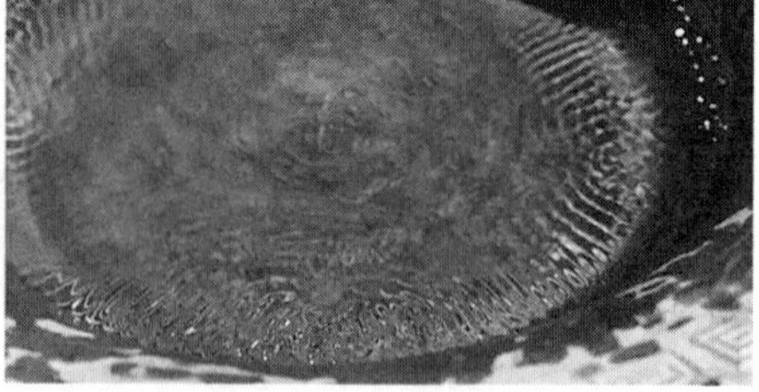
图 3-3　盆里激起的波纹

三、物理原理

用双手摩擦青铜鱼洗双耳使其喷水，类似于敲击钟体或用琴弓拉弦使其发声的过程，后者是在外界输入的能量下以一定的振动模式振动发声，前者是利用摩擦将能量注入鱼洗中激发其侧壁二维驻波的本征振动，鱼洗中的水在与洗壁的相互作用下进行复杂的运动，存在水洗耦合的现象。如果水波中某些相干叠加后做直线振动的水质元恰好位于鱼洗侧壁的最大振幅处（波腹），由于该处水洗之间的相互作用最为强烈，因此水波将会获得侧壁的振动能量，该能量足以使得水波具备喷射的动能；而在振动波节处，水不发生振动，水珠都停在不振动的水面波节线上（图 3-4）。因此，也就可以解释鱼洗喷水的神奇现象了。

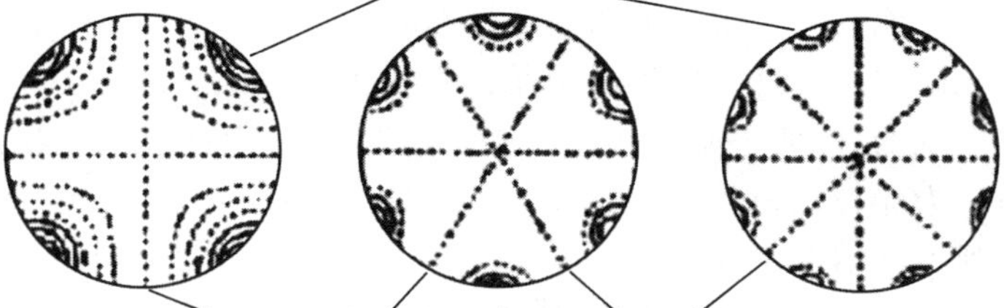

图 3-4　二维驻波

四、拓展延伸

1. 二维驻波

鱼洗、话筒膜片、锣鼓鼓面等的振动可以看作二维驻波，分布在平面或者曲面上。以一块四周固定的矩形板为例，它的振动可以看作最简单的二维驻波，它的波函数可以表示为位置函数 $\Psi(x,y)$ 与时间函数 $f(t)$ 的乘积。从 x 轴方向看，膜片的振动可以看成是许多平行于 x 轴的线条上的驻波连接在一起；从 y 轴方向看，可以看成是许多平行于 y 轴的线条上的驻波连接在一起；边缘各点的振幅则均为零。总的振动位移可写为

$$Z(x,y)=\Psi(x,y)f(t)=C\sin 2\pi\frac{x}{\lambda_1}\sin 2\pi\frac{y}{\lambda_2}\sin 2\pi\nu t$$

在平板上产生二维驻波振荡图案，即著名的克拉尼图形（图 3-5）。

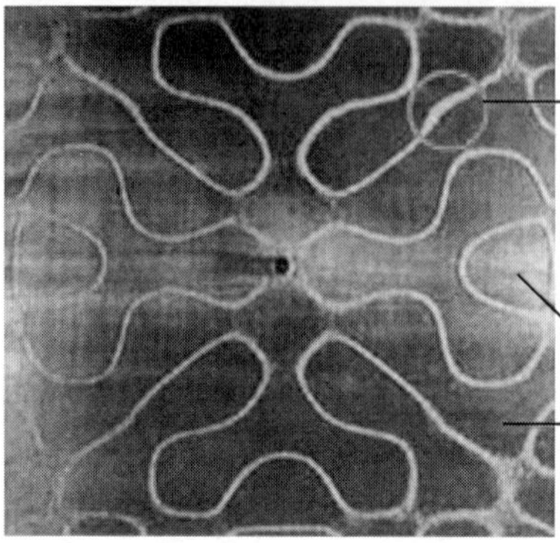

图 3-5 克拉尼图形的结构

2. 克拉尼图形

在水平的薄板上铺上一层细沙，当薄板振动时，细沙会显示各种各样的图形。

这种图形的成因是薄板振动使得薄板产生特定频率的驻波，振幅最大的地方会形成腹点，振幅最小的地方则形成节点，在腹点上的细沙跳动到别的位置，在节点上的细沙则不动。经过一段时间节点上的细沙越来越多，这些节点最后形成节线。

这个现象在今天也被称为音流学(cymatics)，简单来说，就是使声音形象化的过程。这种图形最早是由被称为声学之父的德国物理学家克拉尼发现的，因而将其命名为“克拉尼图形”。用来显示克拉尼图形的薄板称为克拉尼板。1809 年，这种图形在巴黎一个科学家集会上展出时强烈地吸引了观众。

该实验中克拉尼板的振动早期是用弓弦摩擦薄板的边缘来完成的(图 3-6)。20 世纪之后利用压电陶瓷片配合信号发生器来使得薄板振动，实现了更精确的可调频率的振动(图 3-7)。

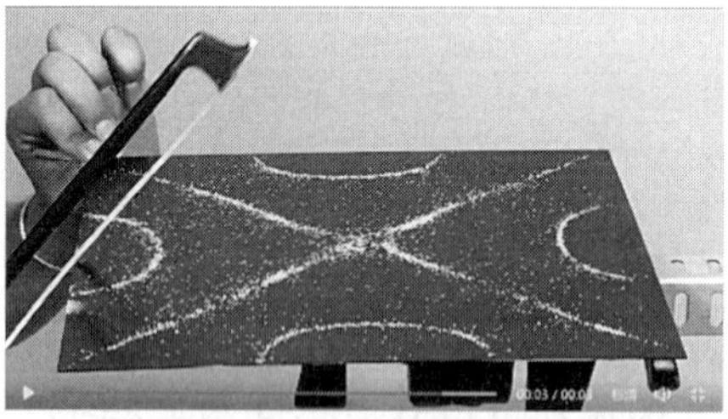

图 3-6 弓弦摩擦克拉尼板

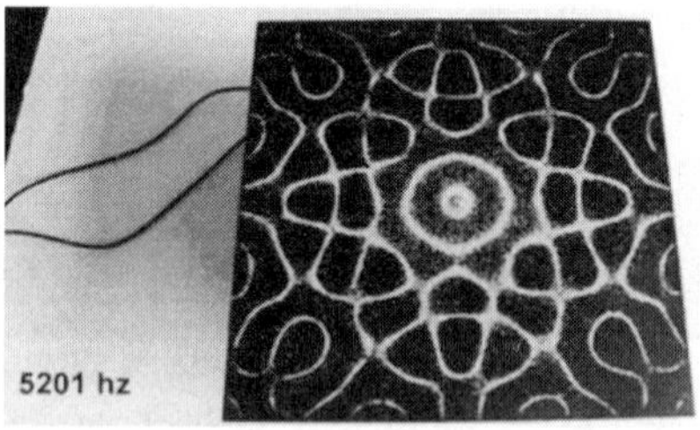

图 3-7 信号发生器制造克拉尼图形

克拉尼板振动频率的变化会使图形不断变幻和越趋复杂，不过基本上都是对称的图形(图 3-8)。

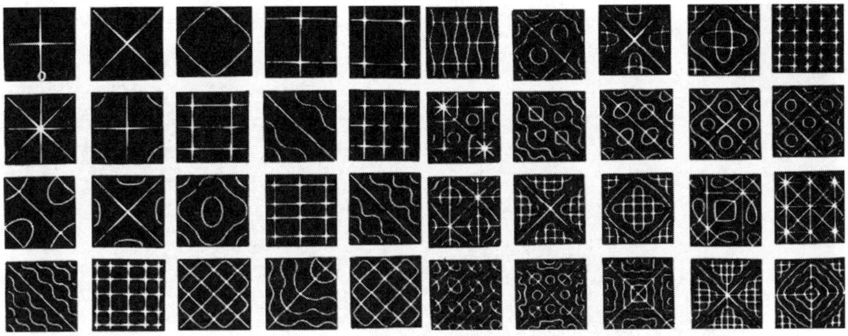

图 3-8 不同振动频率下的克拉尼图形

克拉尼图形除了可以让声音可视化外，也有实际应用价值。克拉尼图形现在常用在电声乐器如小提琴、吉他和大提琴的设计、施工和检验上。比如吉他，按住不同的品丝会发出不同频率的声音，就可以对应不同的克拉尼图形（图 3-9），从而检验它的质量是否完好。

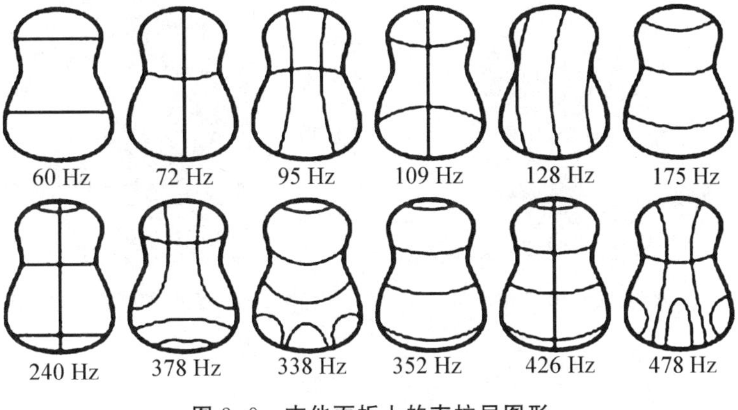

图 3-9 吉他面板上的克拉尼图形

在设计、制造小提琴和其他弦乐器时，需要测试各个孔的最佳位置、木材的厚度以及内部钢筋的位置等因素。我们可以通过克拉尼板将小提琴中各种振动的几何形态进行可视化，以达到测试的目的（图 3-10）。

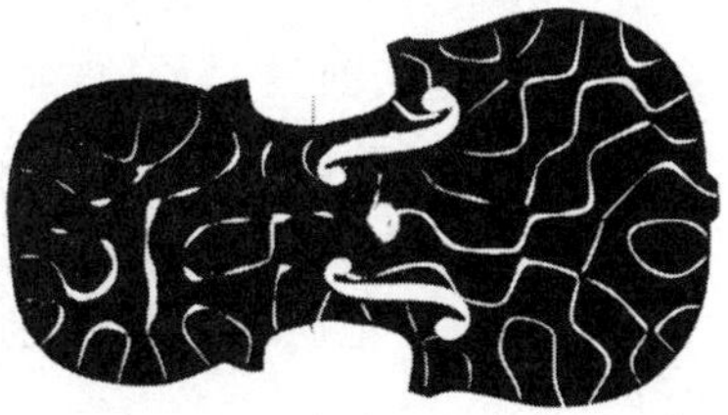

图 3-10 小提琴面板上的克拉尼图形

4

声聚焦

一、装置介绍

声聚焦装置由一片大型金属抛物面和一套焦点指示环组成(图 4-1),金属抛物面的直径为 1.00 m,抛物面的焦距为 0.35 m,使用时需要有两组抛物面配合一起使用(图 4-2)。

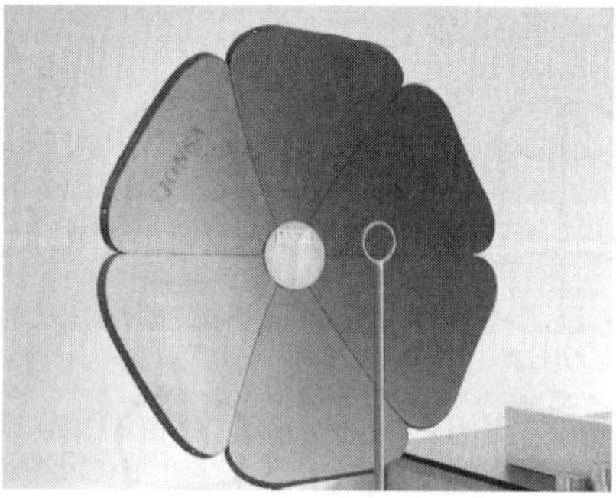

图 4-1　抛物面和焦点指示环

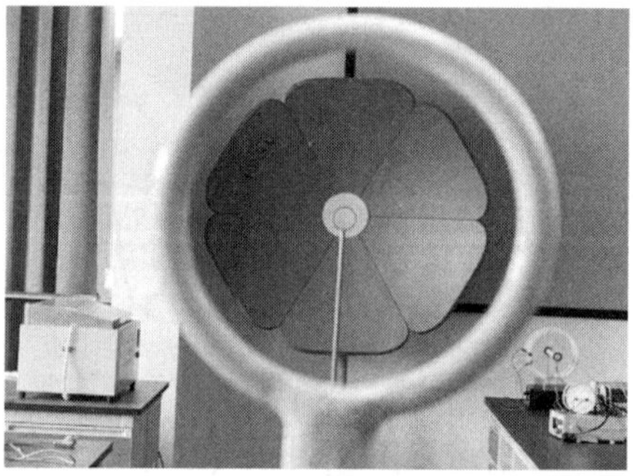

图 4-2　两组抛物面正对放置

二、使用方法

先调整两片抛物面的高度,使两片抛物面的中心在同一高度上,并且使焦点指示环与抛物面中心等高。将抛物面 A 和抛物面 B 相隔一段距离(为了显示效果最好,距离约 10 m)正对放置,将焦点指示环放在焦点位置,甲、乙两人配合使用,甲将耳朵放在抛物面 A 的焦点指示环内,乙对着抛物面 B 的焦点指示环小声说话(小到声带无须振动),甲可以非常清晰地听到乙所说的话,而站在两抛物面正对区域之外的人几乎听不到声音。

三、物理原理

声聚焦装置利用了抛物面的反射性质工作。当焦点处的声波(球面扩散)遇到 A 抛物面后会发生反射,反射时遵从反射定律,反射波恰好变成平行波,平行波到达抛物面 B 后又恰好汇聚于焦点处(图 4-3),这样声音在传递过程中损失得就非常少,从波源发出的声波绝大多数会传到接收者的耳朵,接收者就会听得比较清楚。

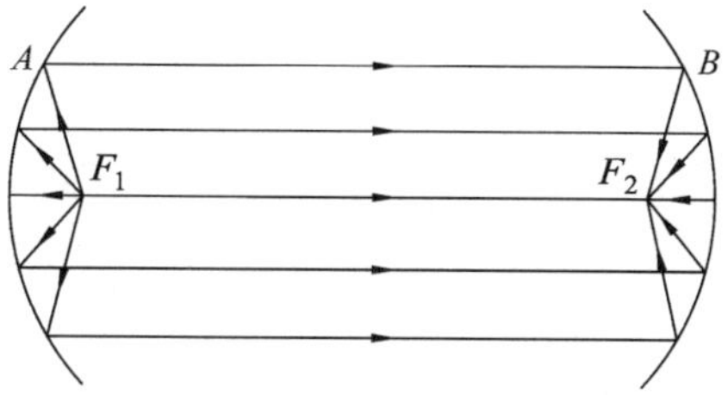

图 4-3 抛物面对声波的作用

四、拓展延伸

1. 抛物面的反射性质证明

抛物面由抛物线绕轴线旋转一周得到。设抛物线 $x^2=2py$,焦点坐标为 $F\left(0,\dfrac{p}{2}\right)$,抛物线上任一点 $A(x,y)$ 的切线 AB 与 x 轴的交点为 B,切线 AB 的斜率为 $\tan\alpha=y'=\dfrac{x}{p}$,其中 α 为切线 AB 的倾角(图 4-4)。

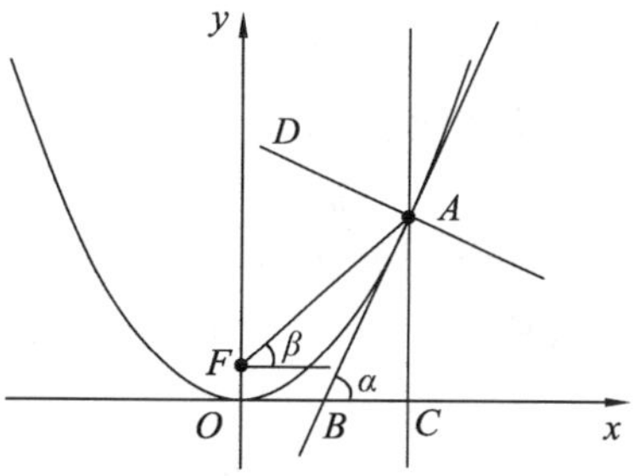

图 4-4 抛物面

过点 $A(x,y)$ 且平行于 y 轴的直线 AC 与 x 轴的交点为 C,则

$$\tan\angle BAC=\frac{1}{\tan\alpha}=\frac{p}{x}$$

线段 FA 与 x 轴正向的夹角为 β,有

$$\tan\beta=\frac{y-\dfrac{p}{2}}{x}=\frac{2y-p}{2x}$$

则

$$\tan\angle FAC=\frac{1}{\tan\beta}=\frac{2x}{2y-p}$$

设 $\theta=2\angle BAC$,根据倍角公式,有

$$\tan\theta=\frac{2\tan\angle BAC}{1-(\tan\angle BAC)^2}$$
$$=\frac{\frac{2p}{x}}{1-\left(\frac{p}{x}\right)^2}$$
$$=\frac{2px}{x^2-p^2}$$

将 $x^2=2py$ 代入上式，化简可得

$$\tan\theta=\frac{2px}{x^2-p^2}=\frac{2x}{2y-p}=\tan\angle FAC$$

则有 $\angle FAC=2\angle BAC$，说明抛物线的切线 AB 平分 $\angle FAC$。

过点 A 作抛物线的法线 AD，由于法线 AD 与切线 AB 垂直，可得法线 AD 平分 $\angle FAC$ 的补角，即以抛物面为反射面，来自焦点的声波（或光线）经抛物面反射，根据反射定律，反射波（或反射光线）将平行于抛物面的轴线。反过来，平行于抛物面轴线的平行波（或平行光）经抛物面反射将全部汇聚于焦点上。

2. 实际应用

(1) 早期空袭预警系统

一战时期雷达尚未普遍使用，要对敌方飞机空袭做出预警，主要靠看和听（图 4-5），其中“听”借助的就是两片较大的金属抛物面，远处飞机声音传过来，经抛物面反射后聚焦进入传声管道，再沿传声管道传到接收者的耳中，这样就可以对敌方飞机做出预警，抛物面越大，收集到的声音越多，听得越清楚。浙江省科技馆内就有类似的装置（图 4-6）。

图 4-5 早期空袭预警系统

图 4-6 浙江省科技馆内的声收听装置

(2) 抛物面天线

天文上用的射电望远镜是巨大的抛物面天线，接收遥远宇宙的电磁波，反射后汇聚到位于焦点的接收装置上，经信息处理后就可以获得来自宇宙的相关信息。世界上口径最大(500 m)的射电望远镜为 Five-hundred-meter Aperture Spherical Telescope，简称 FAST(图 4-7)，位于我国贵州省黔南布依族苗族自治州平塘县克度镇大窝凼的喀斯特洼坑中，其为国家重大科技基础设施工程“天眼”工程，由主动反射面系统、馈源支撑系统、测量与控制系统、接收机与终端及观测基地等几大部分构成。500 m 口径球面射电望远镜被誉为“中国天眼”，由我国天文学家南仁东先生于 1994 年提出构想，历时 22 年建成，于 2016 年 9 月 25 日落成启用。它是由中国科学院国家天文台主导建设，具有我国自主知识产权，是世界上目前最大单口径、最灵敏的射电望远镜。其综合性能是著名的射电望远镜阿雷西博的 10 倍。截至 2019 年 8 月 28 日，500 m 口径球面射电望远镜已发现 132 颗优质的脉冲星候选体，其中有 93 颗已被确认为新发现的脉冲星。2020 年 1 月 11 日，500 m 口径球面射电望远镜通过国家验收，正式投入运行。

图 4-7　FAST

除了射电望远镜外，卫星通信用的天线也是抛物面天线。

(3) 抛物面反射镜

将抛物面镀成镜面，可以将平行于轴线的光线汇聚于焦点(图 4-8)，也可以将位于焦点处的点光源变成平行光，聚光式太阳灶就是利用这一原理工作的(图 4-8)。聚光式太阳灶是将较大面积的阳光聚焦到锅底，使温度升到较高的程度，以满足炊事要求。这种太阳灶的关键部件是聚光镜，最普通的反光镜为镀银或镀铝玻璃镜，也有铝抛光镜面和涤纶薄膜镀铝材料等。设计一个 700～1 200 W功率的聚光式太阳灶(图 4-9)，通常采光面积约为 1.5～2.0 m^2，焦点温度可达 400 ℃～1 000 ℃。个别大型蒸汽太阳灶也是聚光式太阳灶，但其采光面积较大，有的要在 5 m^2 以上。

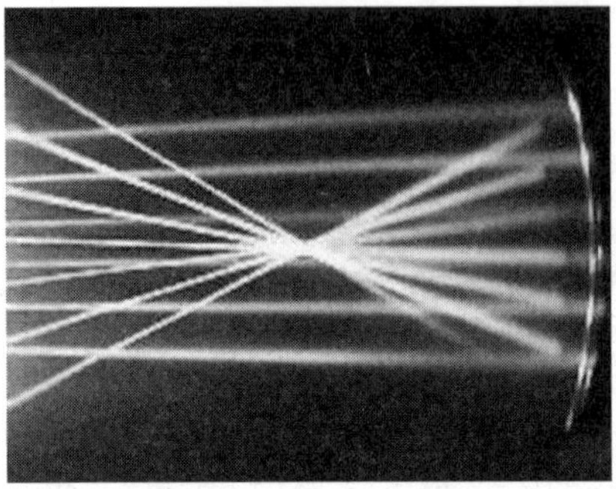

图 4-8　抛物面的光学特性

图 4-9　太阳灶

奥林匹克圣火的采集也用到了抛物面反射镜。奥林匹克圣火通常于奥运会开幕前几个月在奥运会发源地——希腊奥林匹亚的赫拉神庙前点燃。圣火采集方式遵循古希腊的传统，由首席女祭司在奥林匹亚的赫拉神庙前朗诵致太阳神的颂词，然后通过将太阳光集中在凹面镜的中央，产生高温引燃圣火，这是采集奥林匹克圣火的唯一方式，采集圣火用的凹面镜即抛物面反射镜(图 4-10)。

图 4-10　奥林匹克圣火采集

手电筒的反射镜也是抛物面，小灯泡位于抛物面的焦点上，发散性光线经抛物面反射后平行轴线射出，以减少光线的分散，增加手电筒前方的亮度(图 4-11)。汽车前大灯和探照灯里也有抛物面反射镜。

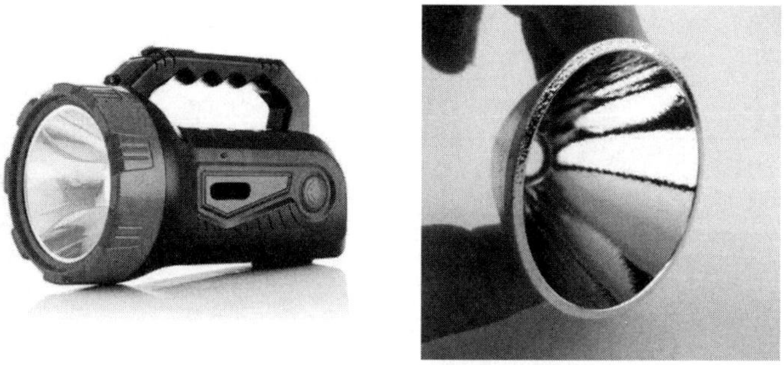

图 4-11 电筒及其反射镜

5

水波窃听

一、装置介绍

水波窃听装置(图 5-1)由水槽、扬声器(带振动头,充当波源)、信息采集器、接收装置和音频输出设备(收音机)组成,核心部件信息采集器由激光器和光电转换器(图 5-2)组成。

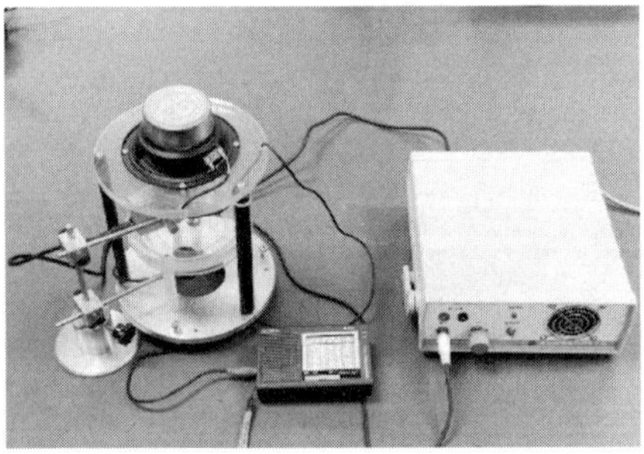

图 5-1　水波窃听装置

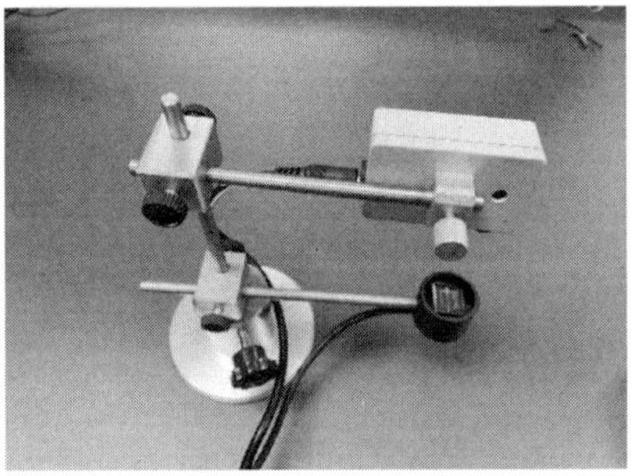

图 5-2　光电转换器

二、使用方法

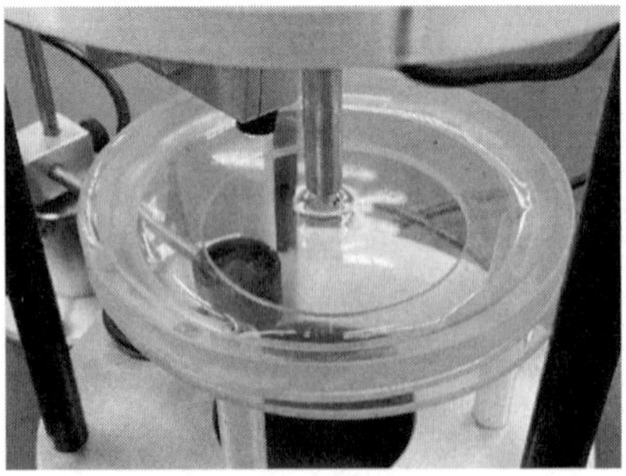

图 5-3　水槽

在水槽(图 5-3)中加入少量的水,使水面刚接触到扬声器的振动头为好。打开收音机调到清晰的电台,把扬声器的插头接入收音机耳机插孔,扬声器的振动激起水面振动,将信息采集器放在水槽的上下,激光器在上,光电转换器在下,使激光照在光电转换器的中央分隔线上,光线从靠近水波的振动中心附近射入，打开接收装置，可以从接收装置的喇叭里听到收音机里相同的声音。

三、物理原理

机械波(水波、声波等)传递的不是物质，传递的是富含能量的振动形式，这种振动形式也包含了信息。收音机驱动扬声器喇叭振动，从而带动水波的振动，因此振动的水波就带有喇叭里发出的声音的信息。激光射向水面，由于水波的影响水面变得高低起伏，透过水面的光折射后传播方向会不断发生微小变化，这种变化与水波变化同步，也包含了喇叭里发出的信息，经过水面下方光电转换器变成电信号，再经过放大，就可以从接收装置的喇叭里听到声音。

四、拓展延伸

窃听器这只"bug"(窃听器的英文为 bug，与臭虫为一个单词)的历史并不算长。初级窃听装置早在一战时就已经出现，并在二战期间才开始逐渐成为间谍们获取情报的选择之一，但它真正成为间谍情报领域的常备工具，还是从 20 世纪 50 年代中期随着晶体管和微电子技术的突飞猛进才开始的。目前，除有线、无线窃听技术外，一些最新技术，如微波、红外、激光、网络等也都在窃听领域中得到了广泛的应用。

一战时期所用窃听装置矿石收音机(图 5-4)是最简单的无线电接收机，由长导线天线加上选择信号频率的调谐器和检波器组成，因为检波器可以使用晶体矿石，所以称为矿石收音机。据说矿石收音机至今可能依然被间谍使用，因为它没有振荡器，不需要电池和电能，因此反间谍组织不能侦测到被监听的频率。

图 5-4　矿石收音机

二战时期窃听装置有无线监听和有线窃听。将无线监听纳入窃听似乎有些勉强，因为破解无线电密码显然才是这项情报工作的重点。不过这些技术现在很多都用于我们的生活之中，比如 wifi 的 802.11b 标准所采用的直接序列扩谱技术原本就是二战时期的军用技术，本身具有防窃听功能。用金属导线连接传声器和接收机的窃听装置被称为有线窃听器,传声器收集声音,金属导线传输声波信号,接收器放大声音。有线窃听器一般都是在新建或改建房屋时就埋设在建筑物内,只要不被发现,就可以长期使用。有线窃听的第二种方式就是在电话等有线通信的设备和线路上添加信号拦截装置,这种窃听手法也沿用至今,“水门事件”就属于典型的有线窃听。

窃听技术在冷战时期得到了快速发展,轰动一时的“金唇”窃听器便是典型代表(图 5-5)。“金唇”窃听器在当时代表了世界顶级水平,它不需要电池,也不需要外来电流,从而使当时的反窃听设备不可能捕捉到任何信号。“金唇”窃听器可以接收到 300 m 以内大耗电量振荡器所发出的微波脉冲,其工作寿命可以无限延长。从外表上看,这种窃听器就像一个带尾巴的蝌蚪。

到了 20 世纪 70 年代,无线窃听技术有了新的进步:一是频率提高,超出了普通收音机的工作范围;二是射频输出功率减小到 1～10 mV,对方很难接收到它的信号;三是普遍采用无线电波加密技术和无线遥控工作方式。目前,无线电远程无线窃听设备已经日臻完善。如美国 CCS 公司的 STCJ4003 微型远程无线监听设备,体积仅有 $10\times10\times4\ mm^3$,重量仅有 3 g,使用一节 1.5 V 的纽扣式电池供电,发射距离达 200 m,可连续工作 48 小时,远程无线监听设备话筒的拾音范围为 20 m 以内。一些窃听设备可以方便藏在隐蔽处,如图 5-6 所示。

图 5-5 “金唇”窃听器

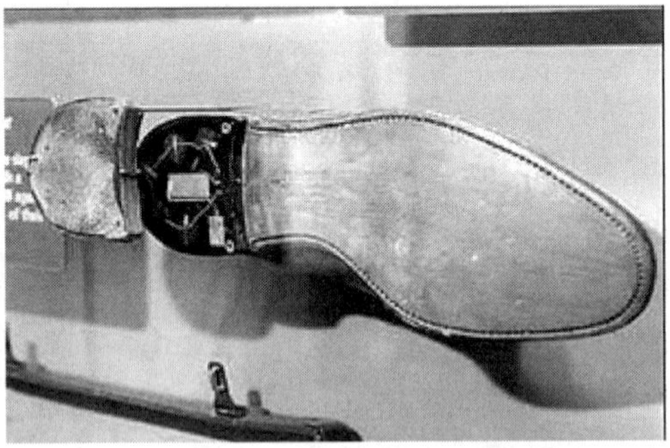

图 5-6 藏在鞋底的窃听器

诞生于 20 世纪 60 年代的激光因为可以探测到物体表面极微弱的振动,也被窃听技术专家利用制作出激光窃听器。它的工作原理和微波窃听的工作原理极为相似(图 5-7):室内谈话的声音引起窗户上的玻璃发生轻微振动，然后用激光来对准窗户上的玻璃发射，再用一个激光接收器接收由窗户上的玻璃反射回来的激光，并还原成声音（图 5-8）。

图 5-7 激光窃听原理

图 5-8 激光窃听器

随着手机成为人们生活的必需品后，窃听也与手机紧密相连。利用手机窃听在理论上毫无难度，手机的通信过程就是使用手机把语言信号传输到移动通信网络中，再由移动通信网络将其变成电磁频谱，通过通信卫星辐射漫游传送到受话人的电信网络中。手机使用的无线信道的开放性，让第三者只要有相应的接收设备，就能够截获任何时间、任何地点、任何人的通话信息。

6 锥体上滚

一、装置介绍

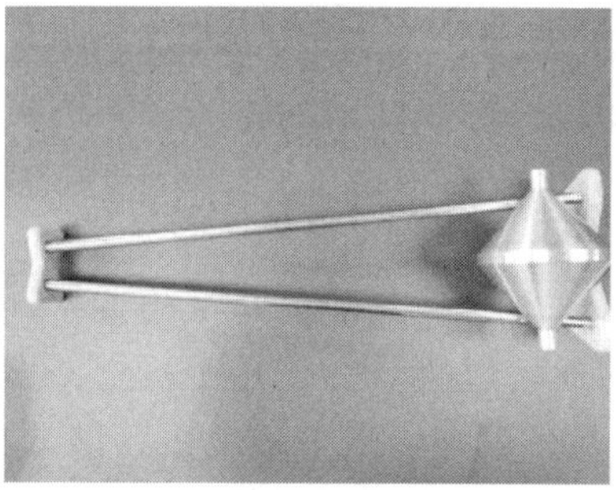

图 6-1 锥体上滚演示实验

锥体上滚实验装置主要由两部分组成。其中一部分是锥体，另一部分是供锥体滚动的轨道，轨道由两根金属管构成，金属管在同一平面上但并不平行，且两端插入塑料中，从而固定住。金属管一端高一端低，侧面看起来像一个斜坡，如图 6-1 所示。

二、使用方法

将轨道底座放在水平桌面上，将锥体轻轻地放到导轨的底端，会看到圆锥体向上滚动，且速度越来越快。

三、物理原理

仅从实验现象来看，锥体上滚，貌似违背了物体仅受重力时会自上而下运动的规律。认真观察，发现其实不然，锥体重心位置的变化不仅受轨道高低的影响，还受锥体的自身结构以及轨道的宽度综合起来带来的影响。

如图 6-2 所示的导轨，其低且窄的一端的 BB_1 之间的距离小于高且宽的一端的 AA_1 之间的距离。设锥体自轨道的 BB_1 向 AA_1 运动的过程中滚动距离为 l，现讨论该过程中的锥体重心的变化情况。现假设锥体的顶角为 α，如图 6-3 所示。两导轨的夹角为 β，如图 6-4 所示。导轨倾角(即导轨所在平面与水平面之间的夹角)为 γ，如图 6-5 所示。

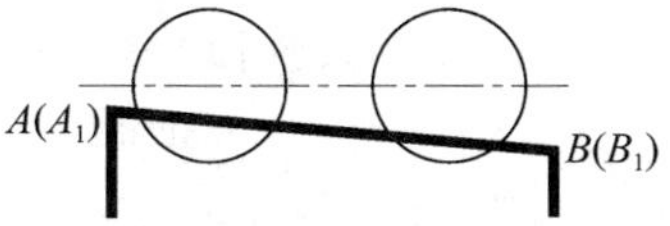

图 6-2 锥体与导轨的相对位置示意图

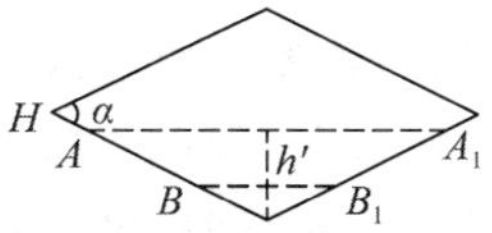

图 6-3 锥体俯视示意图

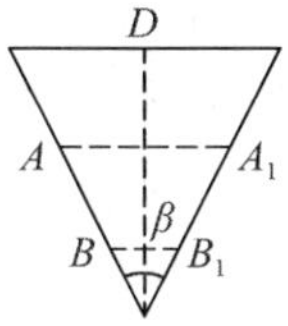

图 6-4 导轨俯视示意图

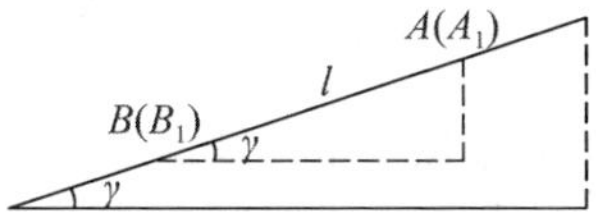

图 6-5 导轨侧视示意图

若不考虑锥体的自身结构以及轨道的宽度综合带来的影响，仅考虑轨道的高低变化带来的影响，则此时锥体的重心升高 $h=l\times\sin\gamma$。若不考虑轨道的高低变化带来的影响，仅考虑锥体的自身结构以及轨道的宽度综合带来的影响，则此时锥体的重心降低 $h'=l\times\tan\frac{\beta}{2}\times\tan\frac{\alpha}{2}$。综合两个影响因素来看，只要 $h<h'$，锥体就可以上滚，且锥体重心实际降低了 $\Delta h=h'-h$。这也就清楚地解释了锥体上滚的现象。我们看到的锥体上滚现象，貌似是锥体的重心升高了，其实只是假象，实际上重心降低了。

四、拓展延伸

1. “锥体上滚”展品的原型

威廉·莱伯恩(William Leybourn)(1626—1716)，英国著名的数学家、土地测量师和图书出版商，其著作《有益的乐趣》中提到的“锥体上滚”是最早的“锥体上滚”实验原型。他于 1694 年出版了此书，其中包含了各式各样的趣味活动，涵盖了数字、几何、机械、静电、天文、钟表、密码、磁性、自动、化学和历史等学科领域。作者在其书名页中进一步指出，出版此书的目的是“重塑能工巧匠的精神，引领这个时代的年轻人对这些崇高的科学进行更深入的研究，而不再沉溺于以往的陋习”。

其在书中,有描述到这种“锥体上滚”的实验装置。当给其他人演示时,需要先将轨道放置平行(或让轨道上下等宽),锥体当然会沿着斜坡快速地向下滚动,这就使得随后的现象更为神奇:仅仅把两个轨道较低的一端靠近时,锥体竟然能够自发地向上滚动。对于其中的原理,威廉·莱伯恩解释道:锥体的“上升”,本质是因为其重心下降了,但是对于轨道来说其运动路线是上升的。然而对于锥体来说,其表面的轨迹线上的各个点都在靠近锥体的轴线,轨道的渐开使其接触点更接近锥体的两个端点,也就是更接近轴。从轨道低点运动至高点,锥体轴的位置是明显下降了的,其下降程度要小于锥体的半径。

2. 中考题中的“锥体上滚”

《北京市初中科学类学科教学改进意见》中要求“将科学类学科不低于10%的课时用于开放性科学实践活动”“整合利用博物馆、科技馆、大学实验室和图书馆等社会资源”。2015年6月24日,在北京高级中等学校招生考试的物理试卷中,出现了与“锥体上滚”有关的试题。

试卷第38题是这样描述的:学校组织学生参观中国科技馆,同学们在“探索与发现A厅”里面看到一个十分有趣的“物体上滚”的实验。实验时,将双圆锥体轻轻放在倾斜轨道的最低端,看到双圆锥体从静止向轨道高处滚去。实验引起了同学们的探讨,小军认为“双圆锥体上滚”是真的,眼见为实;小乐认为“双圆锥体上滚”是错觉,双圆锥体不可能自动地由低处向高处运动。小乐和小军为证明各自的观点,取了两根木条放在水平桌面上,将木条左端垫高,做成一个倾斜轨道,将双圆锥体放在轨道右端,如图6-6(a)所示,由静止释放后双圆锥体向轨道高处滚去,双圆锥体最终停在轨道左端,如图6-6(b)所示。请你根据图6-6所示的实验,选择适当的器材,通过测量判断小军和小乐谁的观点正确,写出你的测量方法并简要说明。

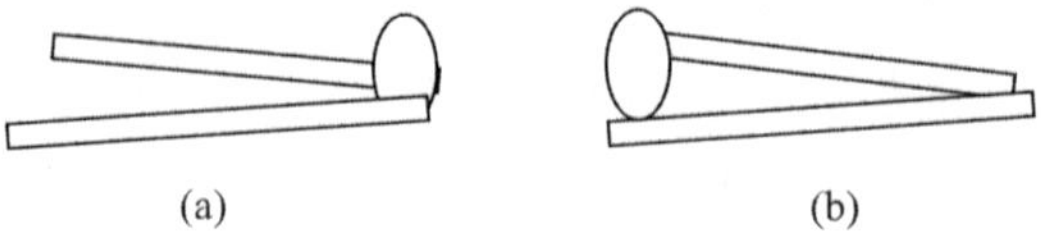

图6-6　中考题配图

3. 不倒翁

我们知道,重心越低的物体越稳定。相比较而言,上轻下重的物体就比上重下轻的物体更稳定。对于不倒翁来说，当其处于竖立状态时，重心和接触点的距离最小，也即重心最低（图 6-7）。而不论其如何偏离平衡位置，其重心相比竖直放置时总是升高的。因此，只有当不倒翁处于竖直状态时的平衡才是稳定平衡。所以无论不倒翁如何摇摆，总是不倒的。这就和本文所研究的“锥体上滚”实验是一个道理。由于锥体本身结构和轨道宽度的原因，导致我们肉眼观察到的是锥体在上滚，但是本质上锥体的重心则在下降。

图 6-7　**不倒翁**

7

最速降线

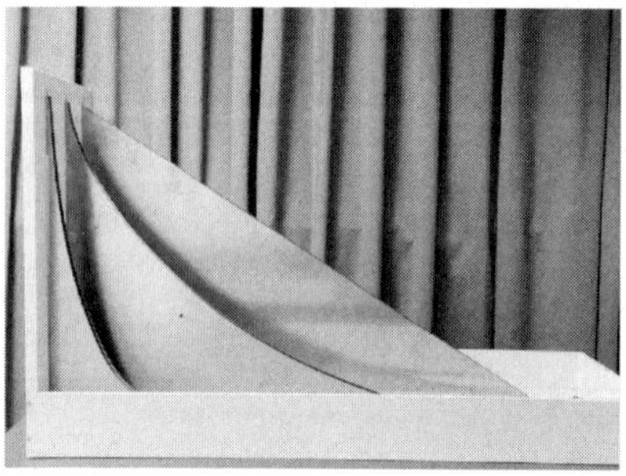

图 7-1　最速降线装置

一、装置介绍

最速降线装置由三种不同轨迹的轨道与三个钢珠构成，三种轨迹分别为直线、摆线和反比例函数曲线，它们高度相同，末端对齐（图 7-1）。

二、使用方法

使用时将钢珠放置在轨道顶端并同时释放，观察到钢珠在摆线轨道上下降速度最快，在反比例函数轨道上次之，在直线轨道上下降最慢。实际上在不同高度的两个位置，连接它们的所有光滑轨道，质点在摆线上通过的时间是最短的。

三、物理原理

对于最速降线的解释，约翰·伯努利采用了与光的传播类比的方法巧妙加以解决，方法如下：

（1）珠子不管沿哪条路径垂直下降 h 高度后的速度均为$\sqrt{2gh}$。

（2）由费马原理，光从一点跑到另一点，总是选取费时最少的路径。

（3）如果光线在两种介质中的速度分别为 v_1 和 v_2，对应的入射角和折射角分别为 u_1 和 u_2，那么根据折射定律，就有

$$\frac{\sin u_1}{v_1}=\frac{\sin u_2}{v_2}=k$$

（4）设想一种理想的介质可以分成有限的多个水平层面，光线在

这些层面中的速度分别为 $v_1, v_2, v_3, \cdots, v_n$，如图 7-2 所示。光线沿图中轨迹从 A 到 B，且有

$$\frac{\sin u_n}{v_n}=k$$

那么光线的这一条路径就是从 A 到 B 的费时最少的路径。

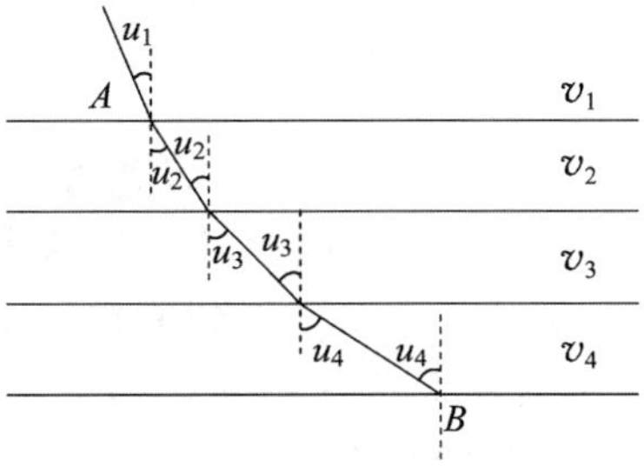

图 7-2　光线从 A 传播到 B

(5) 已知下降距离为 h 时，速度正好是$\sqrt{2gh}$，因而费时最少的那条路径应该就是一条光线在一种使光线在其下行 h 距离而速度保持为$\sqrt{2gh}$的介质中所取的路径。然而对这条路径，我们已经知道，总有

$$\frac{\sin u}{v}=k$$

其中，u 为这条路径与铅垂线构成的夹角。于是每个速度 $v=\sqrt{2gh}$ 的费时最少的曲线，则满足

$$\frac{\sin u}{\sqrt{2gh}}=k$$

(6) 在摆线上由几何关系，可得

$$\tan u=\tan\frac{\alpha}{2}$$

其中，α 为摆线的参数，对应摆线母圆转过的角度，则

$$u=\frac{\alpha}{2}$$

α 处的速度为

$$\begin{aligned}v&=\sqrt{2gh}=\sqrt{2gy}\\&=\sqrt{2gr(1-\cos\alpha)}=2\sqrt{gr}\sin\frac{\alpha}{2}\end{aligned}$$

故

$$\frac{\sin u}{v}=\frac{\sin\frac{\alpha}{2}}{2\sqrt{gr}\sin\frac{\alpha}{2}}=\frac{1}{2\sqrt{gr}}$$

这是一个与 α 无关的常数，即摆线具有降落时间最短的性质。

四、拓展延伸

1. 历史上对最速降线的探索

伽利略在1630年提出这个问题的基本问题:“一个质点在重力作用下,从一个给定点到不在它垂直下方的另一点,如果不计摩擦力,问沿着什么曲线滑下所需时间最短?”当时他认为这条线应该是一条圆弧,但是后来人们发现这个答案是错误的。约翰·伯努利在1696年给出了正确解答,并再次提出这个最速降线的问题,并向社会中的学者们征集解答。次年已有多位数学家得到正确答案,其中包括牛顿、莱布尼兹、洛必达和伯努利家族的成员。这个问题的正确解答是沿连接两个点上的唯一一段旋轮线上的下滑时间最短。旋轮线与1673年荷兰科学家惠更斯讨论的摆线相同,由于钟表摆锤每做一次完全摆动所用的时间是相等的,所以摆线(旋轮线)又称等时曲线。

2. 伯努利家族对数学、物理的贡献

伯努利家族(Bernoulli family),17至18世纪瑞士的一个出过多名数理科学家的家族,原籍比利时安特卫普。1583年,伯努利家族遭天主教迫害迁往德国法兰克福,最后定居瑞士巴塞尔。其中以雅各布·伯努利(Jacob Bernoulli)、约翰·伯努利(Johann Bernoulli)、丹尼尔·伯努利(Daniel Bernoulli)这三人的成就最大。

雅各布·伯努利(图7-3)在概率论、微分方程、无穷级数求和、变分法等方面均有很大建树。许多数学成果与雅各布有关,如悬链线问题、曲率半径公式、伯努利双纽线、伯努利微分方程、等周问题等。雅各布对数学最大的贡献是概率论。

约翰·伯努利(图7-4)是一位多产的数学家,他的大量论文涉及曲线的求长、曲面的求积、等周问题和微分方程,如解决悬链线问题、最速降线和测地线问题(1697年),给出求积分的变量替换法,研究弦振动问题,出版《积分学数学讲义》,等等。他还发明了指数运算。

丹尼尔·伯努利(图7-5)的成就涉及多个科学领域。他出版了经典著作《流体动力学》(1738年),给出“伯努利定理”等流体动力学的基础理论,研究弹性弦的横向振动问题,提出声音在空气中的传播规律。他的论著还涉及天文学、潮汐、磁学、振动理论、船体航行的稳定和生理学等。

图 7-3 雅各布·伯努利

图 7-4 约翰·伯努利

图 7-5 丹尼尔·伯努利

3. 变分法

变分法是 17 世纪末发展起来的一门数学分支,是处理函数的数学领域,它最终寻求的是极值函数:它们使得泛函取得极大值或极小值。变分法起源于一些具体的物理学问题,最终由数学家研究解决。有些曲线上的经典问题采用这种形式表达:一个例子是最速降线,在重力作用下一个物体沿着该路径可以在最短时间内从点 A 到达不直接在它底下的一点 B。在所有从 A 到 B 的曲线中必须有代表下降时间极小化的表达式。费马(图 7-6)曾经用这个方法在光学研究中发现了光程最短现象。

4. 最小作用量原理

图 7-6 费马

作为研究光线的反射和折射的结果,费马曾得出这样的结论:“自然界总是通过最短的途径发生作用的。”此后,莫培督在其 1744 年的一篇著名论文中宣布了一个原理,他称之为“最小作用量原理”。他用这样几句话说明了这个原理:“自然界总是通过最简单的方法起作用的。如果一个物体必须没有任何阻碍地从这一点到另一点——自然界就利用最短的途径和最快的速度来引导它。”简单地说,这意味着任何不受影响的动力学系统在发生变化时,其变化方式总是使有关的作用量为最小。在对物理现象的观察中,科学家们相信,对于不同的观察者,物理实在可以不同,但其物理实在的结构或者规律必定是相同的。物理学中描述物理实在结构的方法之一就是作用量方法。这种方法从功能角度去考察和比较客体一切可能的运动,认为客体的实际运动可以由作用量求极值得出其中作用量最小的那个,这个原理称为最小作用量原理。

8 柱体滚动

一、装置介绍

柱体滚动实验装置(图 8-1)是由轨道槽和四个外观相同的圆柱体组成的,一个圆柱体为纯铝,另一个圆柱体为纯钢,另外两个圆柱体是在铝柱内嵌入四个小铜块,铜块分布位置不同但保证两个圆柱体整体质量相同。使用时将圆柱体置于轨道槽同一位置,由静止释放。

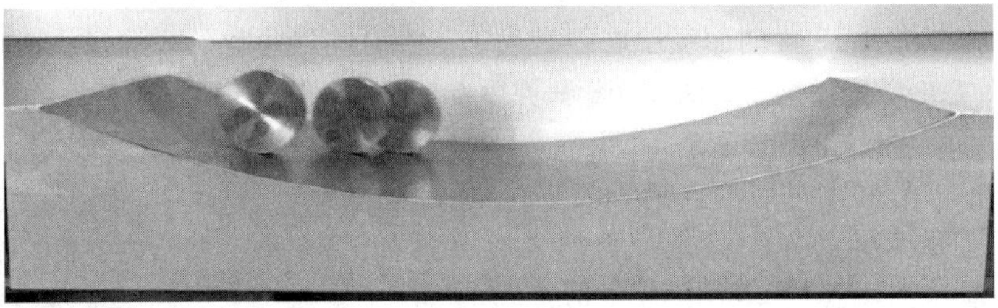

(a) 向右运动

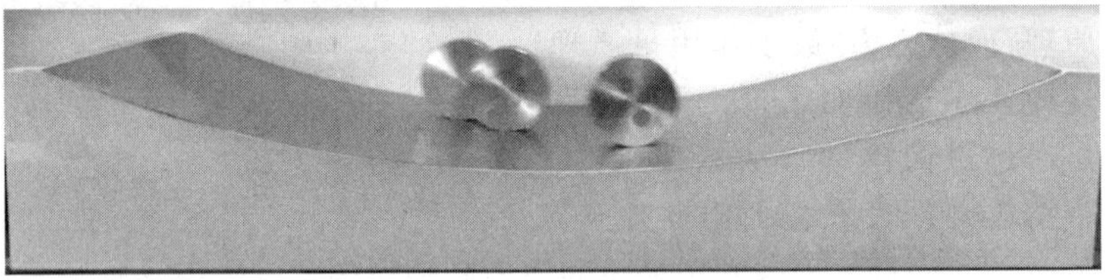

(b) 向左运动

图 8-1 柱体滚动实验装置

二、使用方法

本实验采用对比法加以观察。

第一组实验,先将纯铝和纯钢圆柱体并在一起(图 8-2),从同一高度处由静止释放,观察它们的运动情况,发现两者虽然质量不同,但是运动过程中任何时刻的速度都相同，它们始终能同时运动到同一位置。

第二组实验，将两个镶嵌铜块的圆柱体并在一起（图 8-3），由静止释放，观察它们的运动情况，发现两个圆柱体虽然质量相同，但运动速度并不相同，铜块靠内测的圆柱体运动较快，铜块靠外侧的圆柱体运动较慢。

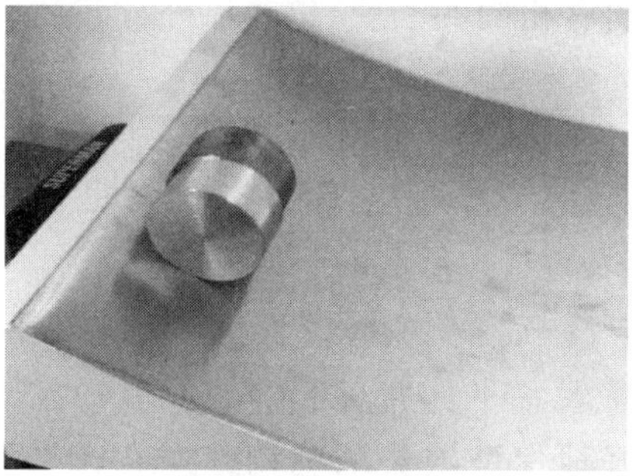

图 8-2　相同形状的钢圆柱体和铝圆柱体滚动比较

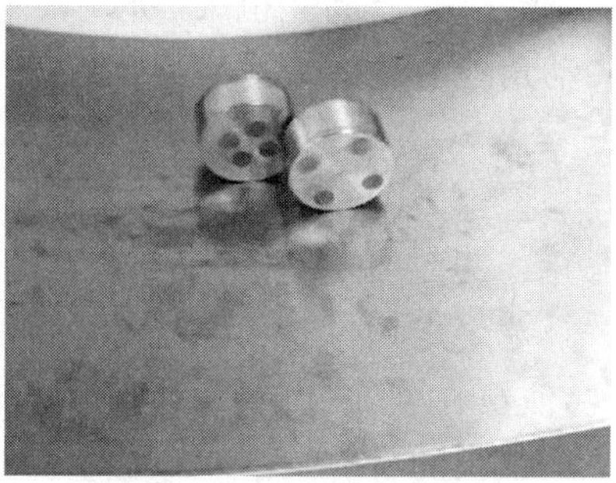

图 8-3　质量分布不同的圆柱体滚动比较

三、物理原理

圆柱体的运动不能看作是质点的运动，因为除了其质心的运动外，还由整体绕质心的转动，所以圆柱体在运动过程中减小的重力势能一部分转化为质心运动的动能，还有一部分转化为绕质心转动的动能。

对于纯铝或纯钢的圆柱体，虽然它们的质量不同，但各自质量分布是均匀的，根据刚体运动的知识，刚体的转动惯量为

$$I=\frac{1}{2}mR^2$$

其中，m 为圆柱体的质量，R 为圆柱体的半径。

当圆柱体质心下降高度 h 时，摩擦力对圆柱体不做功，有

$$mgh=\frac{1}{2}mv^2+\frac{1}{2}I\omega^2$$

由于圆柱体无滑滚动，有 $v=\omega R$，则

$$v=2\sqrt{\frac{gh}{3}}$$

v 与均匀圆柱体的质量无关，所以两个均匀圆柱体滚动过程中速度始终相等。

对于嵌入铜块的两个圆柱体，虽然它们的总质量相同，但是铜块靠外侧分布的圆柱体比靠内侧分布的圆柱体的转动惯量更大，于是两个嵌入铜块的圆柱体下降相同高度对应的速度就不同，转动惯量大的对应速度小，铜块靠外分布的运动较慢。这也可以理解为若两个圆柱体绕中心旋转角速度相同，但是铜块的转动半径不同，靠外分布的半径大，线速度大，动能也大，所以要使它们有相同的动能，铜块靠外分布的转动角速度就应相应小些。

四、拓展延伸

1. 走钢丝中的物理原理

空中走钢丝是人们非常喜欢的杂技节目。细心观察的人们会发现，演员在表演这个节目时会一直把手臂水平伸直(图 8-4)或者横握一根细长的直杆(图 8-5)，这样能更好地保证演员顺利调整姿态。当演员伸直手臂或手握长杆时，整个人或人和长杆构成的整体质量分布将靠外，转动惯量将变大，所以即使演员身体重心有些许偏离，由于转动惯量加大，演员偏转的角速度将比较小，从而演员有足够的时间调整姿态，而且手握的长杆长些，对演员姿态的保持更加有利。

图 8-4　走钢丝演员伸开双臂

图 8-5　高空走钢丝演员手握长杆

2. 跳水中的物理原理

跳水运动赏心悦目、精彩纷呈，仔细观察跳水运动员的动作，发现如果运动员要做翻滚动作，则运动员会抱紧身体，将身体尽可能地收缩，从而使身体快速翻滚；入水前要减少翻滚，以便准确入水，此时运动员会打开身体，让四肢伸展；如果运动员要减少侧滚，需要将手臂先伸直。这是因为身体收缩时，质量分布靠中心，转动惯量小；身体舒展时一部分质量分布靠近外侧，转动惯量大。根据角动量守恒的原理，转动惯量小，对应的角速度大，从而身体转得快；转动惯量大，对应的角速度小，则身体转得慢（图 8-6）。花样滑冰运动员控制身体转动快慢也是利用这一原理。

图 8-6　跳水运动员的空中动作

9 范德格拉夫起电机

一、装置介绍

范德格拉夫起电机又称范德格拉夫加速器，是一种用来产生静电高压的装置。该装置于1929年由荷兰裔美国物理学家罗伯特·杰米森·范德格拉夫发明。

其结构如图9-1所示，一个空心金属圆球放在绝缘圆柱上，圆柱内有电动马达带动的绝缘传送带，下方的金属探头与数万伏的电源相连（图9-2），电源另一端接地，而上方的金属探头与导体球的内表面相连。范德格拉夫起电机可通过传送带将产生的静电荷传送到中空的金属球表面，非常易于获得非常高的电压，现代的范德格拉夫起电机电势可达5.0×10^{6} V。

图9-1　小型范德格拉夫起电机

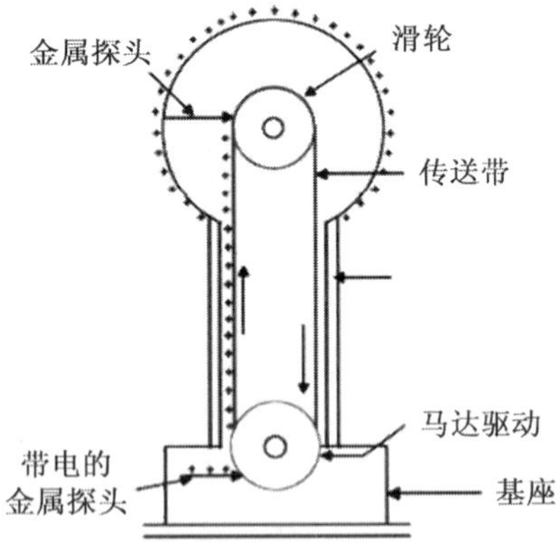

图9-2　范德格拉夫起电机的结构

二、使用方法

范德格拉夫起电机可制造出头发“爆炸”的实验现象。为了呈现出更明显的实验效果，实验者的头发需轻而蓬松。首先，实验者站上一绝缘平台，用手触摸范德格拉夫起电机上方的导体球。为防止触电，围观者尽可能远离起电机。打开起电机的开关，能够看到实验者的头发缓慢飘起，直至完全“爆炸”开来（图 9-3）。实验结束后，应立即关闭开关，实验者走下绝缘平台后头发将逐渐恢复如常。此时需注意，要先用接地的金属小球接触起电机导体球，将导体球上的电荷导走后才可再次触摸导体球。

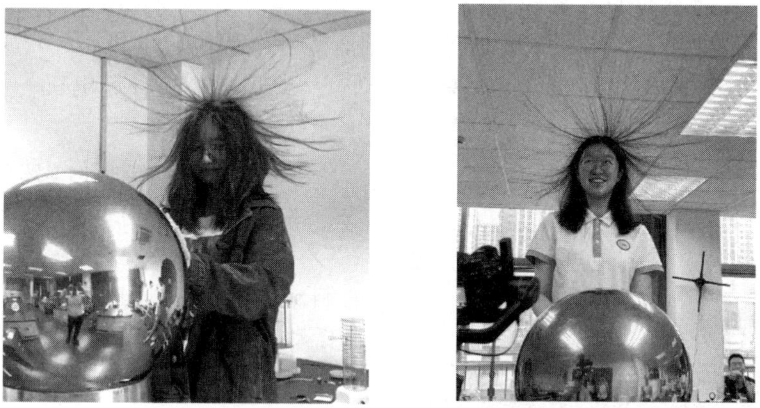

(a)　　(b)

图 9-3　怒发冲冠

三、物理原理

范德格拉夫起电机通电后，内部与电源相连的金属探头由于尖端放电作用，电荷将不断地被喷送到传送带上。当带电的传送带转动到上方导体球内的金属探头附近时，由于静电感应作用，传送带上的电荷转移到金属探头上，进而移至导体球的外表面，使导体球带电（图 9-4）。随着传送带不断运转，导体球上的电量越来越多，电势也不断增加。而实验者触摸导体球，电荷便传到人体上。因为头发上的电荷互相排斥，头发便竖立起

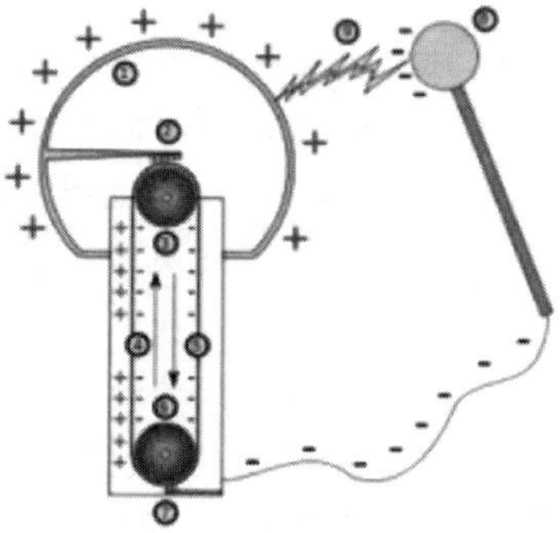

图 9-4　起电原理图

来。虽然导体球带上了上万伏的电压，但由于实验者与地面绝缘，所以几乎没有电流通过人体，实验者是十分安全的。

将接地的金属小球靠近起电机的导体球，会看到放电现象。这是由于导体球所激发的强大电场使电荷由导体球跃向金属小球，在空气中产生大量离子和电子，从而产生火花。

四、拓展延伸

1. 静电感应起电机

1882 年，英国维姆胡斯创造了圆盘式静电感应起电机（图 9-5），其中两个同轴玻璃圆盘可反向高速转动产生高电压。这种起电机一直沿用至今，经常在中学物理课堂的电学演示实验中用到它。

图 9-5　静电感应起电机

起电机的主要部件为两个绝缘转盘、两根电刷和两个起电机电容（莱顿瓶）。两个绝缘转盘由玻璃制成，在其外侧均匀贴有铝片。当摇动手柄时，这两个转盘反向等速转动。两根电刷互成 90°，成“X”形，电刷两端的铜丝与两转盘紧密接触。起电机电容为一个绝缘薄壁圆筒，筒的内外壁上都涂有导电材料，构成莱顿瓶。

当顺时针摇动手柄时，分开的两个小球之间会有电火花产生，同时会听到噼里啪啦的放电声，说明已经起电。

起电机的起电，源自莱顿瓶电容上的初始电荷。假设莱顿瓶 C_{01} 带正电，莱顿瓶 C_{02} 带负电，那么两者之间产生电场（图 9-6）。电刷作为一个导体处于此电场中因静电感应而带电，当绝缘转盘上的铝片滑过电刷上的铜丝后随即也带上电荷。由于皮带轮的设置，顺时针摇动手柄时前盘顺时针转动，后盘逆时针转动，因此，转盘上带正电的铝片移向莱顿瓶 C_{01} 的正极集电叉，通过尖端放电向莱顿瓶充电，带负电的铝片移向莱顿瓶 C_{02} 的负极集电叉，也向莱顿瓶充电。只要不停止旋转，两个莱顿瓶上将不断收集正负电荷。当莱顿瓶外露部分附近的电压高于空气的击穿电压时，空气就被击穿。

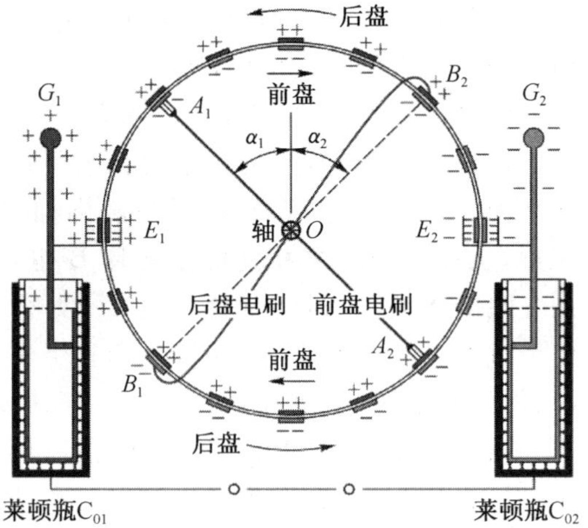

图 9-6 静电感应起电机的工作原理

2. 滴水起电机

滴水起电机又名开尔文滴水发电机，是英国科学家开尔文于 1867 年所发明的一种静电产生器。这一起电装置巧妙地利用静电感应原理分离水中的正负自由电荷，依靠水滴源源不断地将感应电荷搬运到盛水筒中完成起电过程。

滴水起电机的结构如图 9-7(a)所示，其主要由滴水装置 A、金属环 B、金属桶 C 组成。

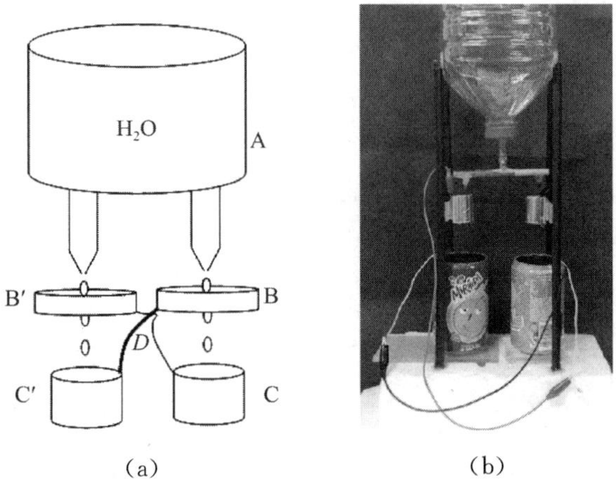

图 9-7 滴水感应起电机原理

装置的每一部分开始时几乎都不带电，但水中有正负离子，水滴可能偶然地把极微量的电荷带给金属水桶，造成水桶带有微量电荷。

假设桶 C′获得正电荷，则与之相连的金属环 B 也有一定的正电荷。由于静电感应作用，金属环 B 上的正电荷会吸引负电荷到右边的水流中。右边的水滴会携带负电荷滴落，最终滴到桶 C 内，使右边的桶所带负电荷积累，从而又使与之相连的金属环 B′也带负电荷，它将会吸引正电荷到左边的水流中，最终滴落至桶 C′，使桶 C′携带正电荷并不断积累。整个过程不断循环下去，使每个桶和金属环获得越来越多的电荷，形成很强的静电感应，继而导致电荷分离速度加快，电荷积累量随时间呈指数增长，很快便能在两个金属桶之间建立起 1.5×10^7 V 以上的高电压，此时，可能会看到电火花瞬时在两个桶或环的圆弧之间产生。

滴水起电机非常容易用生活中的材料制作。如图 9-7(b)所示，找一个大号饮料瓶放在最上面作为水池。两个滴水的喷嘴可用中性笔的笔管加笔芯代替，金属环可用铝箔包裹的塑料管代替，将去盖后的易拉罐放在下方作为金属桶。倒上水，自制的滴水起电机就开始工作了。一开始电荷积累得很慢，但一两分钟后，电荷便会急剧增加。当电荷积累足够多时，水流将会受到静电吸引而偏离竖直下落的方向。

10 静电马达

一、装置介绍

1. 静电马达

静电马达由转子 A 和定子 B_1、B_2构成(图 10-1),其中转子 A 位于绝缘平板的中心,外观为有机玻璃板制成的空心圆筒,上底面中心装有一个揿钮,下底面中心钻有小孔,圆筒通过小孔套在一根金属棒上,金属棒一端固定在平板上,另一端磨成尖端,并保证其灵活转动。定子 B_1、B_2关于转子呈对称分布,主体为两根直径约为 10 mm、长约为 10 cm 的铜管,每根铜管上焊有 6 根直径约为 0.5 mm、长为 2～2.5 cm 的铜丝,铜丝末端呈针尖状。

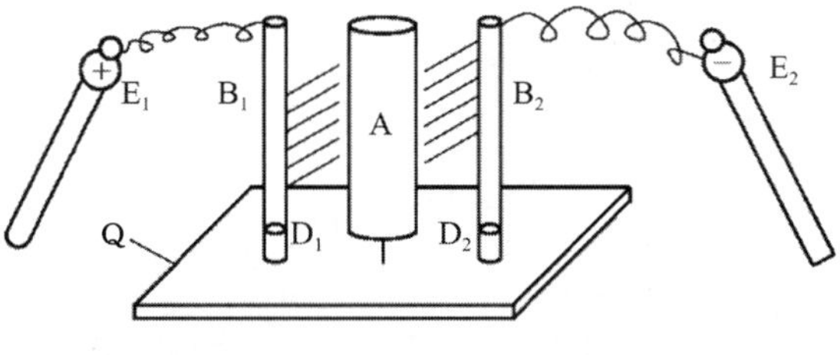

图 10-1　**静电马达的主要结构**

2. 富兰克林轮

富兰克林轮(简称“电风车”,图 10-2)结构简单,使用生活中的一些材料即可制成,自制起来也很方便。例如,取两根直径为 0.2 mm,长约为10 cm 的细钢丝,将每根钢丝的两端磨成尖端形状。另取一只揿钮,将两根细钢丝分别穿过揿钮上的两个小孔,并弯成如图 10-3(a)所示的形状,称之为叶轮。再取一根长缝衣针和一根直径为 1.5 cm、长为 8 cm 的有机玻璃棒,在有机玻璃棒的一端钻一小孔,将缝衣针的尾端插入小孔中,再将另一端涂上百得胶,并将其插入开有孔的圆形木板上。将叶轮中的揿钮套在缝衣针上，如图 10-3(b)所示，使叶轮能自由地在水平方向旋转，一只电风车便制成了。

图 10-2　富兰克林轮

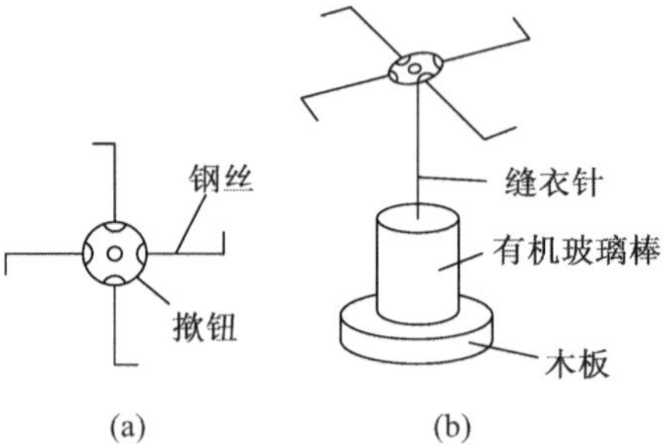

图 10-3　自制富兰克林轮的简易方法

二、使用方法

静电马达通常搭配静电起电机(或范德格拉夫起电机，以下简称“起电机”)一起使用，首先调整定子方向，使指尖指向转子 A 的切线方向，将B_1、B_2分别与起电机的正负电极相连，转动起电机手柄使其正常工作，会观察到转子 A 沿顺时针方向快速转动。

撤去定子 B_2，用导线将起电机的负极和电风车的缝衣针相连(图 10-4)，将电风车靠近转子 A，起电机起电后，仍能看到转子顺时针转动。

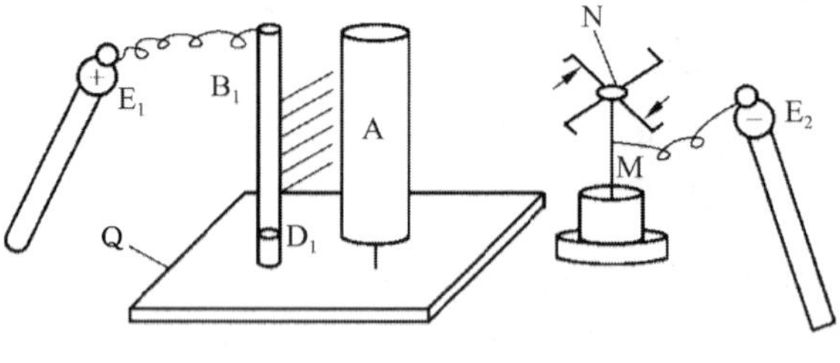

图 10-4　静电马达使用方法

三、物理原理

起电机起电后，与正极相连的定子的尖端带上了大量正电荷，尖端放电，使空气电离，空气中大量的正负离子在针尖附近强电场的作用下剧烈运动，其中正离子奔向转子 A，使转子 A 的左侧表面带上正电荷；同理，转子右侧表面带上了大量负电荷（图 10-5）。如此一来，转子便在两侧静电斥力的力矩作用下顺时针旋转起来了。当转子旋转半周之后，转子表面的电荷重新分布，依旧是左侧带正电荷，右侧带负电荷，因此，转子可以持续转动。

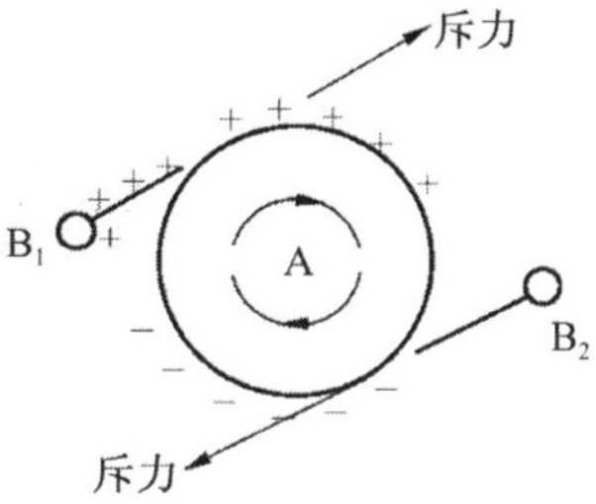

图 10-5 转子在静电力作用下被驱动

用电风车取代定子 B_2，起电机正常工作，叶轮上发生尖端放电现象，向四周“发射”负离子，叶轮按顺时针方向旋转。与此同时，静电电动机的定子 B_1 向转子 A“发射”大量正电荷，带有正电荷的转子转到右边时，被叶轮“发射”过来的负电荷中和，而且还带上了负电荷，这样转子 A 在定子 B_1 的作用下，能不断地顺时针旋转。

四、拓展延伸

1. 静电力驱动的 MEMS

近年来，生物医学、环境控制、航天航空、国防工业等领域对微型化的核心器件需求不断上升，为了迎合工业、生活等方面的需要，人们开始关注微型化的 MEMS。MEMS 是 Micro-Electro-Mechanical System（微机电系统）的缩写，也叫作微电子机械系统，其内部结构一般在微米甚至纳米量级，是一个独立的智能系统，在现代传感器技术中的应用尤为广泛。

2. MEMS 芯片

传感器中的很多敏感单元都是可动部件，需要力来驱动，静电力驱动是传感器中使用较为广泛的驱动方式，其主要原理是利用微电容两极板上分布的电荷之间的库仑力来驱动 MEMS 可动器件的（图 10-6），使用这种驱动方式的传感器制作工艺简单，成本低，精度高，功耗小，深受研究者们的青睐。常见的微机械传感器有微加速度传感器、微机械压力传感器、微机械陀螺、微流量传感器等，多应用于智能医疗（图 10-7）、汽车电子（图 10-8）、运动追踪（图 10-9）和手机拍照（图 10-10）等领域。

图 10-6　MEMS 芯片

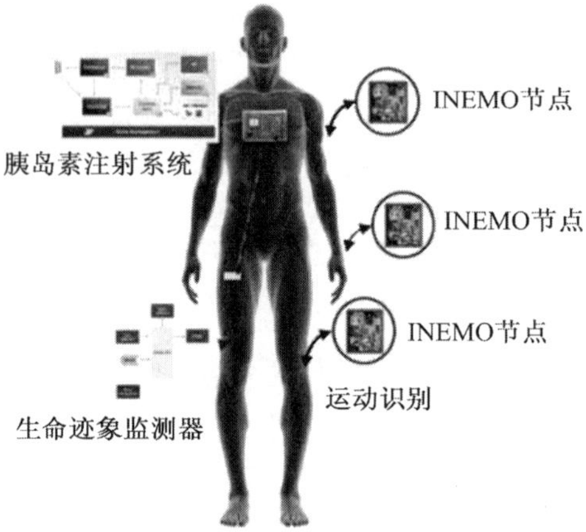

图 10-7　基于微射流 MEMS 的胰岛素注射系统

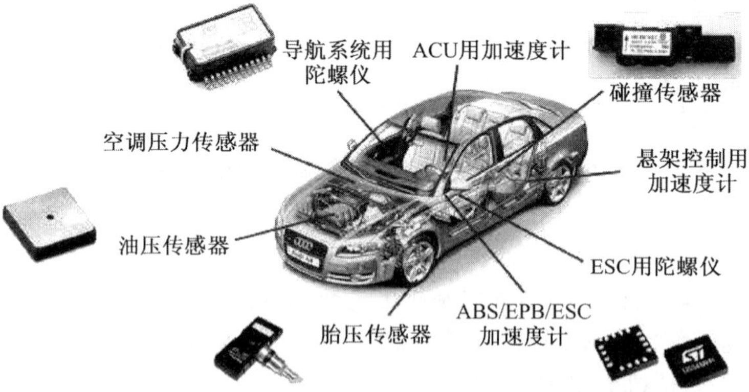

图 10-8　广泛用于汽车电子的 MEMS 传感器

图 10-9 MEMS 在 VR 移动设备中的应用

图 10-10 MEMS 镜头在手机上的应用

11

辉光球与辉光盘

一、装置介绍

1. 辉光球

辉光球由高强度的密闭薄玻璃制成，球壳中心处为一球形电极，由金属丝弯绕后填充，底座内安装有振荡电路板，如图 11-1 所示。外球直径为 127～229 mm，内球直径为 20～40 mm，将玻璃球抽成一定的真空度，充入低气压的惰性气体（以氖或氦为基质，掺入氩、氪、氙、氮、氢气等其中几种杂质气体的混合气体），球内气体压强不同，产生的辉光颜色也不同。

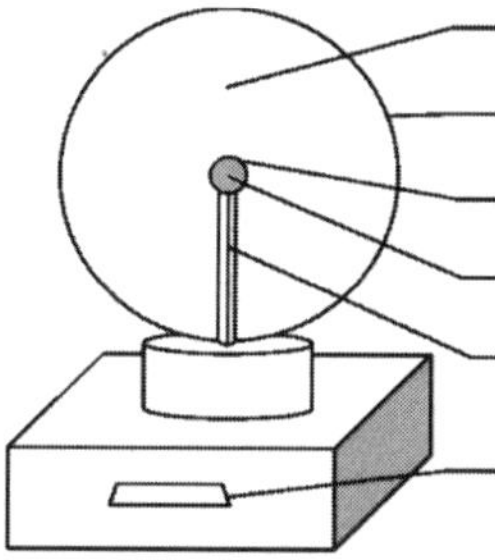

图 11-1　辉光球

2. 辉光盘

辉光盘呈圆盘状（图 11-2），盘的中心装有一电压高达数千伏的高频高压电极，盘的表面由许多小气泡构成，小气泡中充有低压气体，不同区域的小气泡中气体种类不同，用以在辉光放电时发出不同颜色的光，形成彩色的放电辉光。

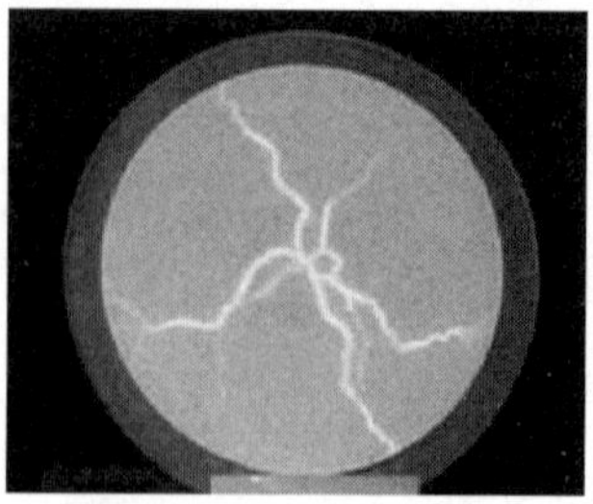

图 11-2　辉光盘

二、使用方法

将辉光球通电，在装置的底座上有一个旋钮用于调节功率，当将功率调至最小时，放电束呈两端为橘红、中间为海蓝的短线；当将功率调至较大时，球中央的电极周围形成一个类似于点电荷的场，由于球内稀薄气体（低气压气体）受到高频电场的电离作用而光芒四射。此时球内舞动着大量美丽的弧光，呈辐射状向四周发散。若用手指轻触玻璃球的表面，手指移到哪，灯里的光线就会聚焦到哪，明亮、弯曲、多色而且带有分叉的细束带发出神奇的辉光，极具欣赏性。

有的辉光球带有控制调节钮，如声音控制，启动该控制调节钮，如果辉光球周围有音乐或声响，光束会随着旋律和节奏不断地改变，伴随着一切声音而散发出魔幻光线，极富动感，变幻无穷。

辉光盘的使用效果同样惊艳，接通电源后，由盘中央向四周辐射出斑斓的彩色“闪电”，用指尖轻触哪里，“闪电”就汇聚哪里，仿佛有魔力一般。

用日光灯管的一端接触辉光球，灯管两侧产生很高的电势差，管内气体被电离，被激发的汞气体分子发出紫外线，作用在管壁上的荧光粉上，于是观察到灯管被点亮了；将日光灯管离开辉光球，在距离球体较近的范围内，电势差依然足以使管内气体发生电离，日光灯管仍能发光，只是亮度有所降低。

三、物理原理

向辉光球输入低压直流电，振荡电路板会将其变成高压脉冲直流电，使球体中心的电极具有可达上万的高电压，此时电极与外球之间产生极高的电势差，球体内存在着很强的电场。球内气体在这种强电场的作用下会被电离，产生电子和离子，而后在电场中受力加速与受原子束缚的电子发生碰撞，使其处于激发态，处于激发态的原子会自发地向较低能级跃迁并发出光子，这就是我们所观察到的光芒。

其实，不论是辉光球还是辉光盘，它们的工作原理都是“辉光放电”。给低压气体腔施加高频交变电场，连续的火花放电就会形成我们所看到的辉光放电现象。这种用电场直接激发的方式称为“E 型激发”，还有一种施加磁场的激发方式称为“H 型激发”。辉光球和辉光盘均属于前者。

四、拓展延伸

1. 气体放电

在通常情况下，气体中的自由电荷极少，是良好的绝缘体。但在某些外界因素(如紫外线、X射线以及放射线的照射，气体加热或强电场等)的作用下，气体分子可发生电离，出现电子和正离子，这时在外电场作用下，电子和正离子做定向运动，气体便导电了，俗称气体放电。

气体导电主要分为两种类型：被激导电和自激导电。将气体充入密闭玻璃管，管内的两个电极分别与电源的正负极相连，逐渐增加电压U，气体导电的规律如图11-3所示。当电压U较小时，电压U与电流强度I的关系如曲线OA段所示，遵循欧姆定律。当U增加至BC段时，电流达到饱和值，若电压继续升高，电流又随着电压的升高而升高，即CD段。在这一阶段中，因为电子与正离子在分别向阳极和阴极运动的过程中获得了较大动能，当它们与中性分子碰撞时，足以使中性分子电离，从而产生出新的电子和离子。上述的导电过程必须依赖于外界的电离作用而维持，属于气体被激导电。当两电极间的电压进一步增加到U_D(击穿电压)时，电流将突然增加，同时极间电压陡然下降，气体被击穿，即曲线中的DE段。这是因为产生了雪崩式的碰撞电离，此时即使撤去外界作用，导电过程仍然继续进行，属于气体自激导电。

当气体被击穿后，受气体性质、压强等因素的影响，会采用辉光放电、弧光放电、火花放电、电晕放电等不同的形式进行，其中辉光放电(辉光球)属于低压气体在强电场中发生的放电现象，而其他类型均在常压下进行。如图11-4所示，辉光放电包括“亚辉光”“正常辉光”“异常辉光”三种类型。

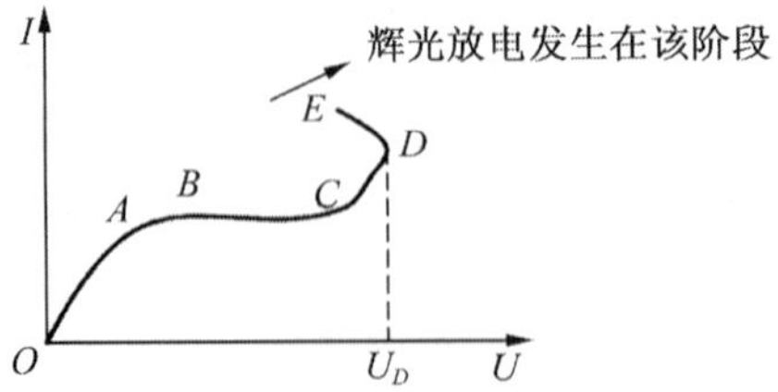

图11-3　气体的导电规律

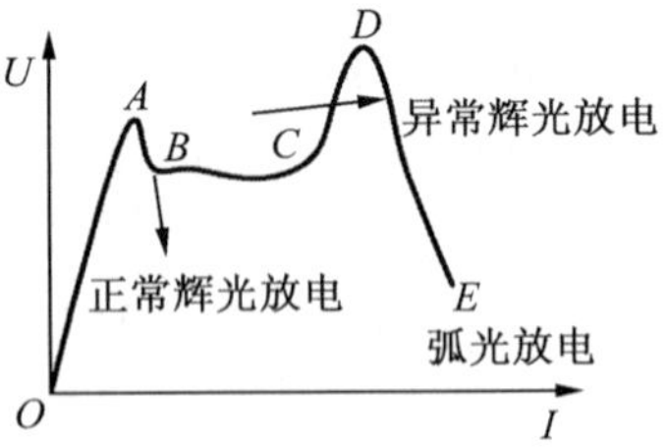

图11-4　辉光放电特性曲线

2. 实际应用

(1) 电光源

照明与人们的生活息息相关,1879 年,爱迪生发明电灯,电灯就成为人类照明不可缺少的光源。早期,白炽灯使用广泛,作为热辐射光源,白炽灯通过电流发热将热能转化为光能,发光的同时会伴随很多热量的损失,效率很低,能源浪费严重。能不能开辟出电能利用的新路径呢?美国科学家黑维特在他的实验室里反复研究,他将耐热玻璃制成灯管,抽出灯管内的空气,然后往灯管内充入各种金属和气体,进行比较。1902 年,黑维特发明了水银灯,但是由于水银灯光线太强、刺眼,而且会辐射出对人体有害的紫外线,因此无法投入生产使用,为了提高实用性,科学家们不断地实验,寻求改进方法。

直到 1910 年,法国科学家克劳特注意到莫尔在 1895 年做的一个实验。在这个实验中,莫尔在抽掉空气的玻璃灯管中充入少量的二氧化碳,然后施以高压,使它放电,结果灯管发出白光。克劳特根据莫尔的实验,在抽掉空气的玻璃灯管中,分别充入氖、氩、氦等惰性气体。他发现充入不同种类的气体,灯管会发出不同颜色的光,如果在管内壁涂上不同的荧光物质,灯光的色彩将更丰富。克劳特根据这种灯光的特殊性能,制作出霓虹灯并获得发明专利,从 1932 年开始,世界各地开始广泛生产霓虹灯(图 11-5)。

图 11-5　繁华街头的缤纷霓虹

美国通用电子公司的研究人员伊曼,与其他科学家一样,从霓虹灯的亮光中看到了光明的前途。他在 1938 年突破了启动装置的设计制作大关,制作了与水银灯性能截然不同的荧光灯。在一根玻璃管内,充进一定量的水银,管的内壁涂有荧光粉,管的两端各有一个灯丝做电极。它的工作原理正是气体放电。显然,荧光灯没有水银灯的弊端,它比白炽灯更亮，且电能利用率高，省电。因此，它一诞生，便很快进入了一般家庭。

由于荧光的成分与日光相似，因此人们也叫它“日光灯”（图 11-6）。

图 11-6 日光灯管

（2）磁控溅射真空镀膜

真空镀膜作为一种产生特定膜层的技术，在现实生产生活中有着广泛的应用。真空镀膜技术有蒸发、溅射和离子镀三种形式，其中磁控溅射凭借其溅射率高、结合力好、装置性能稳定、操作控制方便等优点，成为最为典型和成熟的工业应用，被认为是镀膜技术中最突出的成就之一。图 11-7 所示为磁控溅射真空镀膜机。如图 11-8 所示，将欲沉积的材料制成靶，固定在阴极，基片置于距阴极有一定距离的阳极上，将系统抽至真空后充入低压气体（通常为氩气），在两极之间加上高压，就会发生辉光放电，放电过程中产生的正离子在电场的作用下飞向阴极，撞击靶面，靶原子受激后从靶面溢出，称为溅射原子，溅射原子在基片表面沉积成膜。磁控溅射可以在工具表面沉积 TiN 金属陶瓷涂层，使得刀具使用寿命显著提高。

图 11-7 磁控溅射真空镀膜机

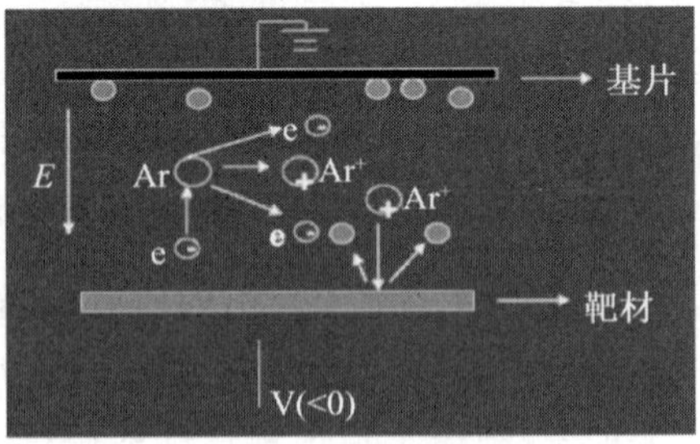

图 11-8 镀膜原理

12 亥姆霍兹线圈

一、装置介绍

亥姆霍兹线圈(图 12-1)是一对彼此平行且连通的共轴圆形线圈，两线圈内的电流方向一致，大小相同。线圈之间的距离 d 正好等于圆形线圈的半径 R，这种圆形载流线圈称为亥姆霍兹(Helmhohz)线圈，这种线圈的特点是能在其公共轴线中点附近产生较广的均匀磁场。

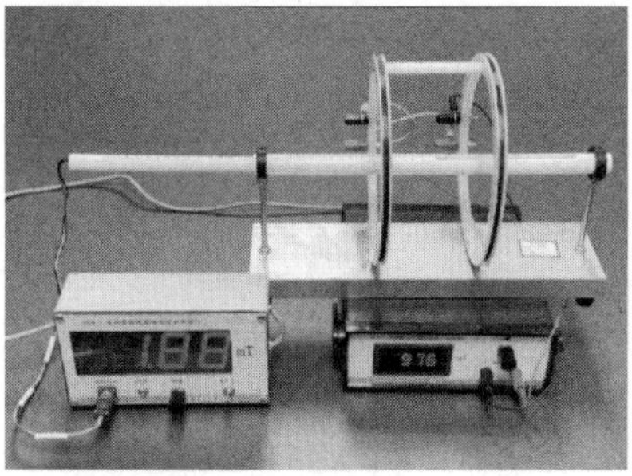
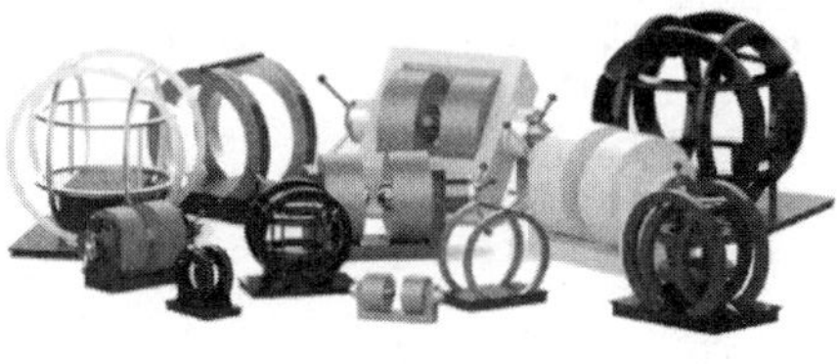

图 12-1 **亥姆霍兹线圈**

二、使用方法

打开线圈电源，调节线圈的电流强度(不宜过大，以免线圈过热)，打开磁场探测器电源，将探头沿着线圈轴线移动，观察探测器的示数变化。当探头在线圈之外向线圈移动的过程中，探测器示数逐渐变大，但探头进入线圈后继续移动，探测器示数几乎不变化，显示亥姆霍兹线圈轴线上磁场的均匀性。探头可以从中间轴上抽出，放在任意位置进行探测，在线圈内部任意位置，磁感应强度大小均差别不大(探头握杆要平行线圈轴线)，而线圈外部不同位置磁感应强度大小变化明显。

三、物理原理

根据毕奥-萨伐尔定律，载流线圈在轴线（通过圆心并与线圈平面垂直的直线）上某点（图 12-2）的磁感应强度为

$$B=\frac{\mu_0 NIR^2}{2(R^2+x^2)^{3/2}}$$

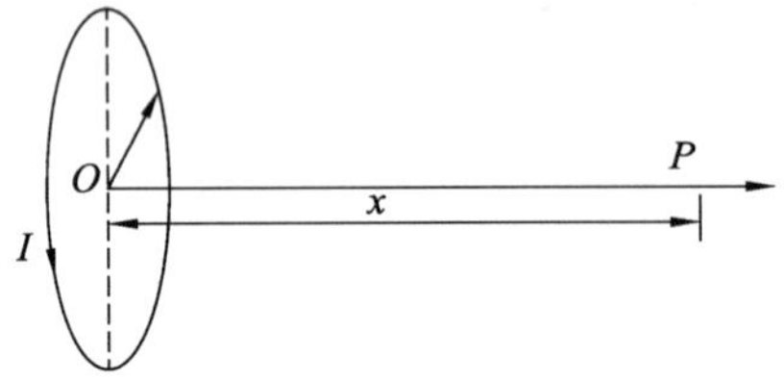

图 12-2　载流线圈在轴线上的场强

式中，μ_0 为真空磁导率，R 为线圈的平均半径，x 为圆心到该点 P 的距离，N 为线圈匝数，I 为通过线圈的电流强度。

亥姆霍兹线圈是一对彼此平行且连通的共轴圆形线圈（图 12-3），两线圈内的电流方向一致，大小相同，线圈之间的距离 d 正好等于圆形线圈的半径 R。设 x 为亥姆霍兹线圈中轴线上某点离中心点 O 处的距离，则亥姆霍兹线圈轴线上任意一点的磁感应强度为

$$B=\frac{1}{2}\mu_0 NIR^2\left\{\left[R^2+\left(\frac{R}{2}+x\right)^2\right]^{-3/2}+\left[R^2+\left(\frac{R}{2}-x\right)^2\right]^{-3/2}\right\}$$

对 x 求导，可得

$$\frac{\mathrm{d}B}{\mathrm{d}x}=\frac{1}{2}\mu_0 NIR^2\left\{\frac{-3\left(\frac{R}{2}+x\right)}{\left[R^2+\left(\frac{R}{2}+x\right)^2\right]^{5/2}}+\frac{3\left(\frac{R}{2}-x\right)}{\left[R^2+\left(\frac{R}{2}-x\right)^2\right]^{5/2}}\right\}$$

将 $x=0$ 代入上式，得

$$\frac{\mathrm{d}B}{\mathrm{d}x}=0$$

再对 x 求二阶导数，并将 $x=0$ 代入，可得

$$\left.\frac{\mathrm{d}^2 B}{\mathrm{d}x^2}\right|_{x=0}=0$$

这种线圈的特点是能在其公共轴线中点附近产生较广的均匀磁场区（图 12-4）。

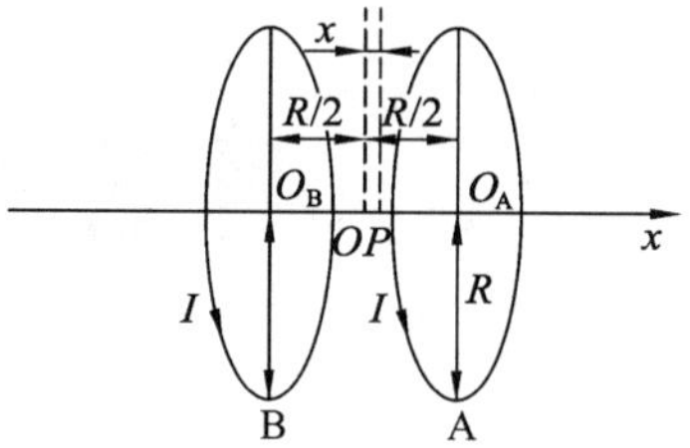

图 12-3　共轴圆形线圈

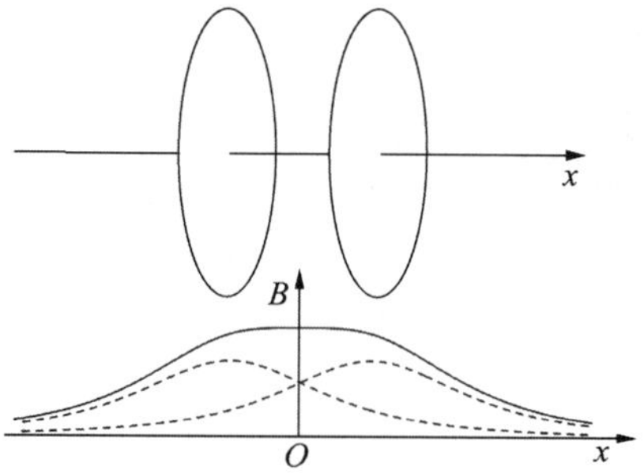

图 12-4　线圈轴线上的磁场分布

四、拓展延伸

用亥姆霍兹线圈可以产生极微弱的磁场直至数百高斯的磁场，且该线圈均匀区体积大，使用空间开阔，操作简便，可实现一维、二维、三维组合磁场，可提供交、直流磁场，电流与磁场有很好的线性关系。它适用于各研究所、高等院校及企业做物质磁性或检测实验，可应用于材料、电子、生物、医疗、航空航天、化学、应用物理等各个学科（图 12-5）。其主要用途：标准磁场的产生、地球磁场的抵消与补偿、地磁环境的模拟、磁屏蔽效果的判定、电磁干扰模拟实验、霍尔探头和各种磁强计的定标、生物磁场的研究及物质磁特性的研究。

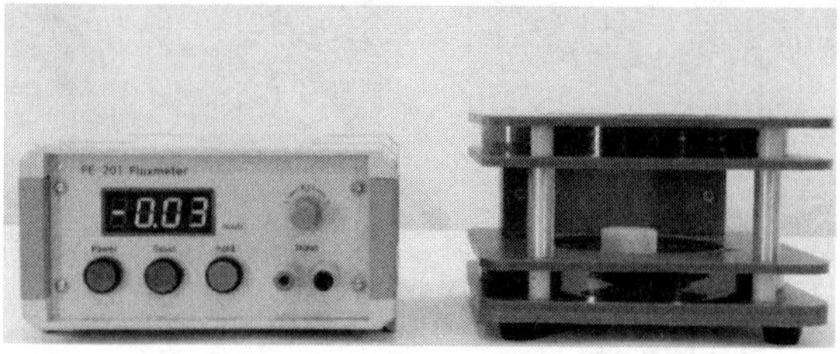

图 12-5　实验中用以产生磁场的亥姆霍兹线圈

13

磁悬浮

一、装置介绍

常见磁悬浮装置分为有源磁悬浮和无源磁悬浮，超导磁悬浮是典型的无源磁悬浮，但需要低温。实验室和生活中常用有源磁悬浮，比如平台式磁悬浮装置（图 13-1）由磁性底座、悬浮台组成，磁性底座由永磁体、电磁线圈和工作电路组成。商店用来展示商品的平台式磁悬浮就是有源磁悬浮，这种平台式磁悬浮装置由悬浮底座和悬浮平台组成，可悬浮数千克重物，悬浮高度可达 8～10 cm。作为家庭装饰用的磁悬浮球（图 13-2）除了悬浮装置外，还加上了感应灯（图 13-3），使球悬浮时仍可以发光而无须电池或外接电线，十分神奇。

图 13-1　平台式磁悬浮

图 13-2　磁悬浮球

图 13-3　磁悬浮灯

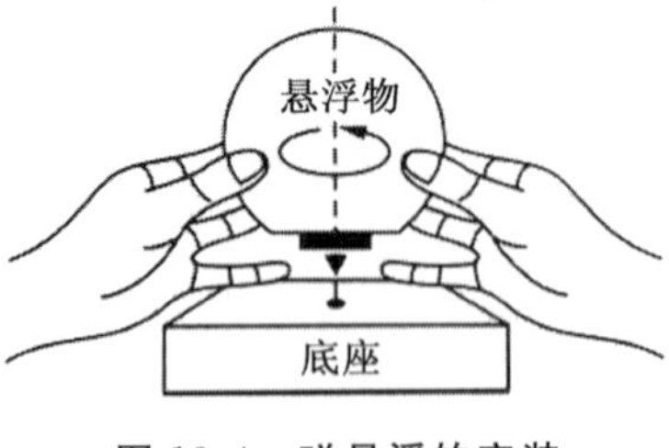

图 13-4　磁悬浮的安装

二、使用方法

打开底座电源开关，上下调节悬浮平台（悬浮球）的位置，在某一个位置会感觉到“顿一顿”，这就是平衡位置，在平衡位置反复尝试，直到平台（球）成功悬浮（图 13-4）。

平台式磁悬浮装置磁场力较强，若被平台吸附，力量很大，容易夹到手指或与底座发生猛烈撞击，使手指受伤或底座受损，所以在调试悬浮时务必用双手紧握，反复尝试，小心释放，取下悬浮平台时也应用双手握紧向上拿起。

所有磁悬浮装置在悬浮状态下均不要施加外界干扰，以防猛烈吸引导致碰撞而发生损坏。

三、物理原理

图 13-5 磁悬浮的内部构造

磁悬浮装置是一个闭环反馈伺服系统(图 13-5)，它除了有电磁铁作为执行机构之外，还有传感器(如霍尔传感器)以及反馈放大控制电路。以磁悬浮球为例，磁悬浮球内部安装了一块强磁铁，并且在底座上安装了电磁铁，只要底座上通上电源，就可以把球悬浮起来。如果球在悬浮的过程中向外发生较小偏移，这时传感器会捕捉到球的偏移，电路就会自动调节电流改变磁场力，将球拉回到原来的位置，从而能保证球的稳定悬浮。但如果球受到较大干扰，即使电路作出自动调节，仍不能将球拉回到原来的位置，球将不能悬浮在原位置而被吸引到底座上。

球内发光即利用了电磁感应原理，球内有一组连着灯泡的线圈，底座里有一个产生变化磁场的装置，悬浮时球内线圈磁通量不断发生变化，从而产生感应电流，使球内小灯发光，而无须外加电源。上下移动悬浮球位置，可以发现球的亮度不同。

四、拓展延伸

1. 磁悬浮技术

磁悬浮(electromagnetic levitation, electromagnetic suspension, 简称 EML 或 EMS)技术是指利用磁场力克服重力，使物体悬浮的一种技术。

磁悬浮想法由来已久，就是用磁场力克服重力让物体悬空，但真正做起来并不容易，主要原因是没有稳定的平衡点。要达到悬浮，必须是稳定的悬浮。也就是说，用一个力(或位移)在任何方向上(上下、左右、前后等)来(小)扰动被悬浮物,都会有一个恢复力,使得外力撤销后被悬浮物重新恢复平衡。

2. 超导磁悬浮

1911 年,荷兰科学家昂尼斯(Onnes)在测量低温下水银电阻率的时候发现,当温度降到零下 269 ℃附近时,水银的电阻竟然消失了,这种现象叫作超导现象,具有超导现象的材料称为超导体。超导态的一个基本性质是抗磁性,又称迈斯纳(Meissner)效应,即在磁场中的一个超导体只要处于超导态,则它内部产生的磁化强度与外磁场完全抵消,从而内部的磁感应强度为零,也就是说,磁力线完全被排斥在超导体外面。利用超导体的抗磁性可以实现磁悬浮。把一块磁铁放在超导盘上,由于超导盘把磁力线排斥出去,超导盘跟磁铁之间有排斥力,结果磁铁悬浮在超导盘的上方(图 13-6)。这种超导悬浮在工程技术中是可以加以利用的,超导悬浮列车(图 13-7)就是一例。磁悬浮让列车悬浮起来,与轨道脱离接触,这样可大幅降低列车在运行时的阻力,磁悬浮列车沿轨道"飞行"的速度可达 500 km/h。高温超导体发现以后,超导态可以在液氮温区(零下 169 ℃以上)出现,超导悬浮的装置更为简单,成本也大为降低。

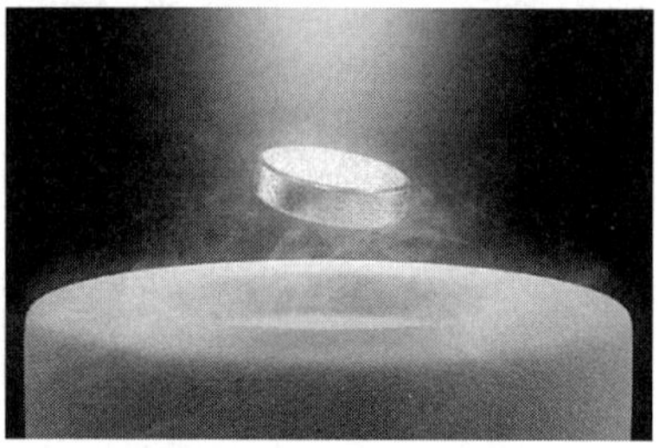

图 13-6 超导磁悬浮

图 13-7 磁悬浮列车

3. 磁悬浮陀螺

磁悬浮陀螺是一种小型的磁悬浮玩具(图 13-8),它既不需要接电,也不需要低温,仅凭两块磁铁即可以形成稳定悬浮,它的秘密是靠浮子(陀螺)高速旋转从而保持稳定的。

图 13-8 磁悬浮陀螺

14 电磁驱动

一、装置介绍

电磁驱动装置由电源主机、线圈和指南球组成（图 14-1），线圈轴线夹角互成 120°，指南球位于线圈中部并可以自由转动。

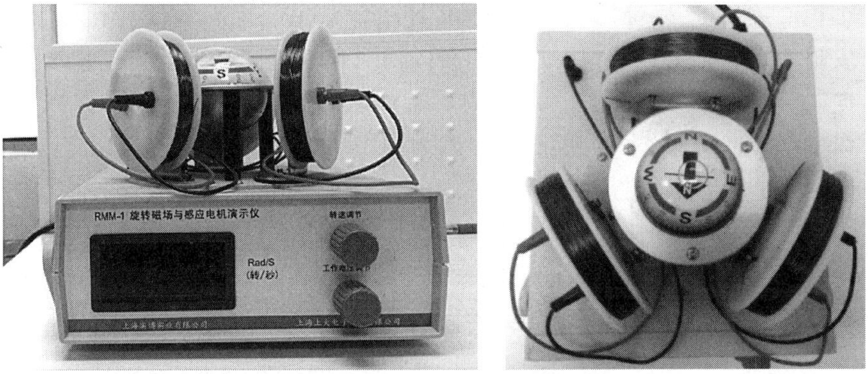

图 14-1 **电磁驱动装置**

二、使用方法

用导线将主机与线圈相应插口 A、B、C 组一一对应连接，将幅度输出电位器旋钮左旋到底，接通电源后，可见仪器初始显示 1.0 Hz 的旋转磁场频率，逐渐右旋幅度输出电位器旋钮，可见指南球开始转动。

将工作电压调节器置于某一固定位置，缓慢调节转速旋钮，使旋转磁场频率逐渐增大，此时可见指南球间歇转动，一次转动约 60 ℃，因指南球同时受地磁、环境磁场和仪器线圈的影响，故每次转动并不均匀。可用秒表记录其转 10 圈的时间，以测定其转速与旋转磁场频率是否一致。逐渐增大旋转磁场频率，设步进为 0.2 Hz，在适当的旋转磁场频率下，与合适的输出电压配合，可使指南球转动与旋转磁场同步。随着旋转磁场频率的提高，指南球不转了，仅在某一位置做晃动，这时指南球转速跟不上旋转磁场的转速。

三、物理原理

三个线圈中通入频率和峰值均相同的正弦交流电，但每两个线圈间交流电的相位始终相差$\frac{2}{3}\pi$，这样的交流电称为三相交流电。

如图 14-2 所示为三组结构完全相同的绕组 U、V、W，各绕组在空间上互差 120°，向各绕组通入三相交流电，假设电流的瞬时值为正时从各绕组的首端流入（用“⊗”表示），末端流出（用“⊙”表示），当电流为负值时，与此相反。在 $\omega t=0$ 的瞬间，$i_U=0$，i_V 为负值，i_W 为正值，则 V 相电流从 V_2 流进，V_1 流出，而 W 相电流从 W_1 流进，W_2 流出。利用安培右手定则可以确定 $\omega t=0$ 的瞬间由三相电流所产生的合成磁场方向，如图 14-2(a)所示。可见这时的合成磁场是一对磁极，磁场方向与纵轴线方向一致，上方为北极，下方为南极。

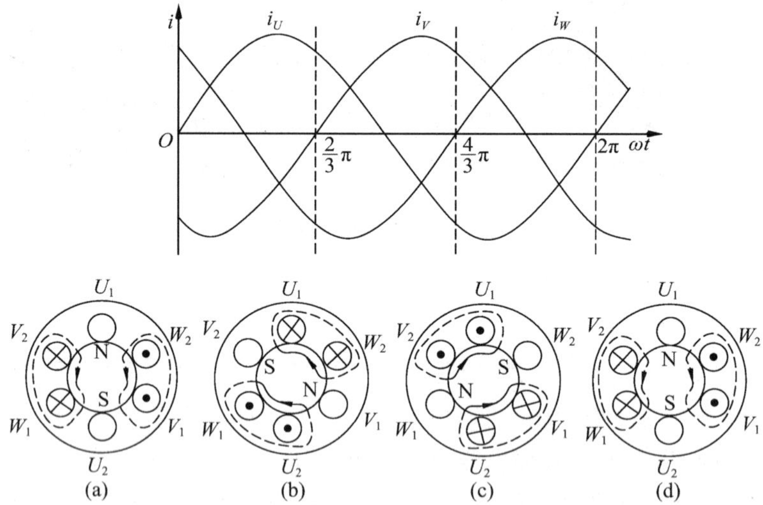

图 14-2　旋转磁场的产生

应用同样的分析方法可画出 $\omega t=\frac{2}{3}\pi$、$\omega t=\frac{4}{3}\pi$、$\omega t=2\pi$ 时的合成磁场，分别如图 14-2(b)、(c)、(d)所示，由图中可明显地看出磁场的方

向逐步按顺时针方向旋转，共计转过 360°，即旋转了一周。

四、拓展延伸

下面介绍三相电动机的工作原理(图 14-3)。

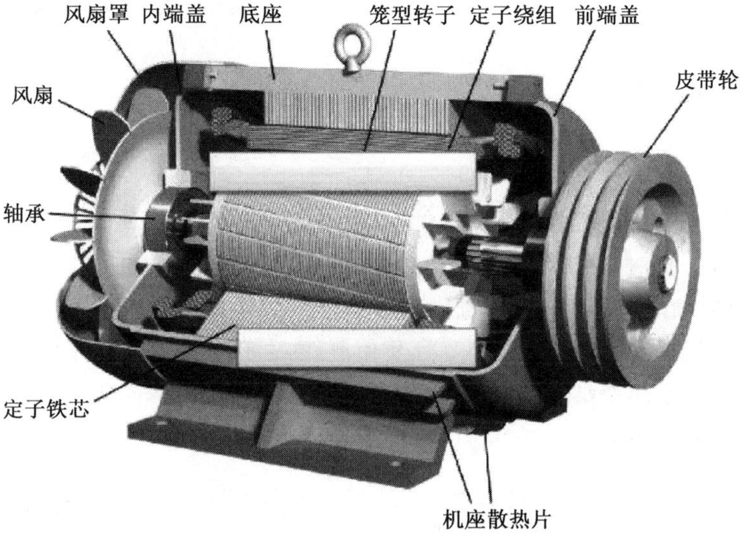

图 14-3 **三相交流电动机的构造**

当电动机的三相定子绕组通入三相交流电后将产生一个旋转磁场，该旋转磁场切割转子绕组，从而在转子绕组中产生感应电流(转子绕组是闭合通路)，载流的转子导体在定子旋转磁场作用下将受到安培力，从而在电机转轴上形成电磁转矩，驱动电动机旋转，并且电机旋转方向与旋转磁场方向相同。转动过程中转子的转速总是比旋转磁场的转速稍慢一些，只有这样转子绕组才能不断地切割磁力线，从而不断地产生感生电流，使转子持续转动。这种速度的差异现象叫作异步，因此这种电动机叫作异步电动机，又因为它是利用电磁感应原理制成的，所以也叫作感应电动机。

家庭电路使用的是单相交流电，电风扇、冰箱压缩机电机等均是交流电动机，它们是把单相交流电通过电容器、电阻“分相”后接入电机，从而使电机转动。

15

菲涅尔透镜

一、装置介绍

菲涅尔透镜(图 15-1)又名螺纹透镜,它是由很多个同轴环带套在一起构成的,材料多为聚烯烃材料或玻璃。菲涅尔透镜的迎光面是平面,折射面除中心是一个球冠外,其他环带分别是属于不同球面的球台侧面。其具有面积较大、厚度薄及侦测距离远等特性。菲涅尔透镜在很多时候相当于红外线及可见光的凸透镜,效果较好,但成本比普通的凸透镜低很多。

图 15-1 菲涅尔透镜实物图

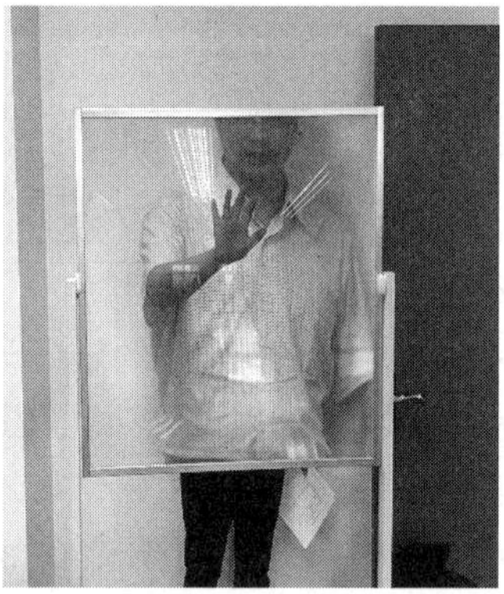

图 15-2 菲涅尔透镜的放大效果

二、使用方法

1. 观察菲涅尔透镜的放大效果

菲涅尔透镜一面有螺纹,一面是光面,分别从两侧观察对面的人或物体,可以看到放大后的效果(图 15-2),两侧的放大效果略有不同。由于菲涅尔透镜的精度不高,所以其成像清晰度一般。

2. 观察菲涅尔透镜的聚光效果

晴天时将菲涅尔透镜搬至室外，调节菲涅尔透镜的角度，使阳光垂直照射到透镜上，在透镜下方会有一个光线汇聚点（焦点），在该位置放上木头或硬纸板等材料会迅速着火燃烧，这是由于菲涅尔透镜面积大，汇聚的光线多，使得焦点处温度很高。

由于菲涅尔透镜对光线有较强的汇聚作用，平时存放时应远离窗户并用布料覆盖，以免引起火灾。

三、物理原理

菲涅尔透镜是一种微细结构的光学元件，正面像一个飞镖盘，由一环一环的同心圆组成。菲涅尔透镜的原理基于菲涅尔波带片，菲涅尔波带片具有类似透镜的作用，它可以使入射光汇聚起来，产生极大的光强（图 15-3）。

其工作原理十分简单：由于折射面之间的材料的体积对于透镜的性能没有影响，我们假设一个透镜的折射能量仅仅发生在光学表面，拿掉尽可能多的光学材料，而保留表面的弯曲度。如图 15-3 所示，相当于透镜连续表面部分“坍陷”到一个平面上，形成了菲涅尔透镜的不连续面。从剖面看，其表面由一系列锯齿型凹槽组成，中心部分是椭圆形弧线（图 15-4）。每个凹槽都与相邻凹槽之间角度不同，但都将光线集中一处，形成中心焦点，也就是透镜的焦点。每个凹槽都可以看作一个独立的小透镜，把光线调整成平行光或把光线聚光。

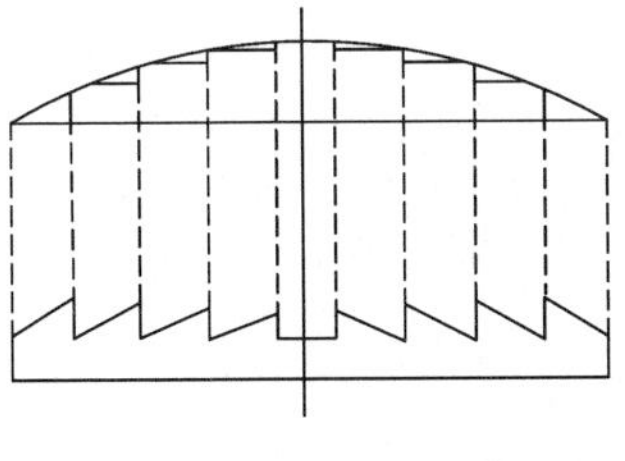

图 15-3　透镜表面“坍塌”到平面

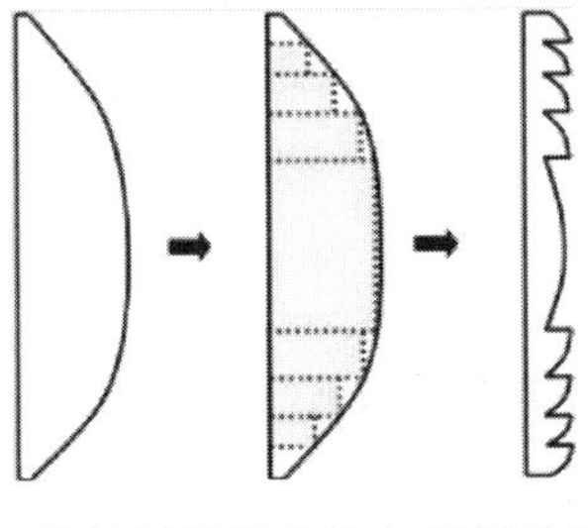

图 15-4　传统透镜到菲涅尔透镜结构的变化

也就是说，菲涅尔透镜实际上是普通凸透镜连续的曲面被截为一段一段曲率不变的不连续曲面，因为曲面被划分得很细，故看上去像一圈一圈的纹路。

菲涅尔透镜的设计要点在于确定每个环带的齿形，即它所属球面的球半径和球心。如图 15-5 所示，平行于光轴的平行光都能经环带折射后汇聚到 F 点，已知透镜材料的折射率为 n，从透镜中心 O 到焦点 F 的距离(焦距)为 f，相邻环带的间距为 d(d 很小，可忽略同一带内的球面像差，但 d 又不是非常小，因此可忽略衍射效应)。

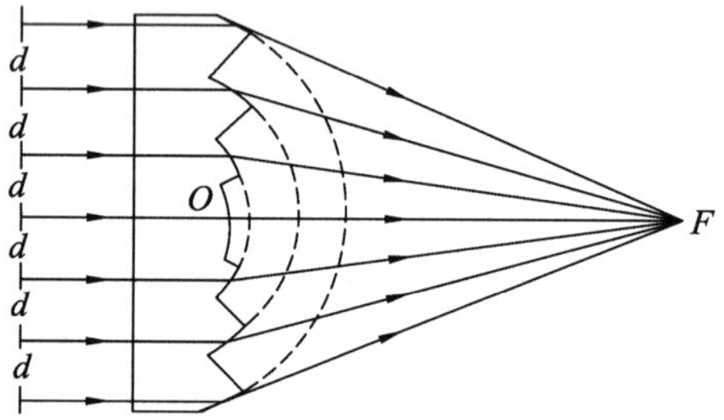

图 15-5　菲涅尔透镜剖面图

首先，我们分析单个球面的折射。如图 15-6 所示，一束平行光从折射率为 n 的介质中自球面 A 点入射进入空气中，其中 h 为平行光到光轴的距离，R 为球面半径，C 为球心。已知入射角为 α，折射角为 β，折射光线与光轴 Z 交于 F 点。

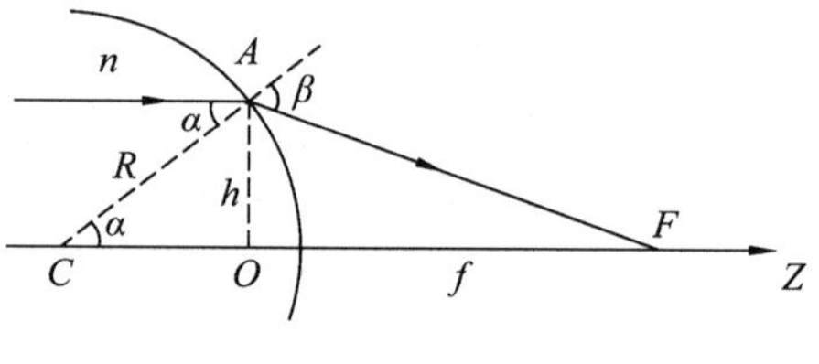

图 15-6　单个球面的折射

由折射定律，有

$$\sin\beta = n\sin\alpha$$

由正弦定理，有

$$\frac{CF}{\sin\beta} = \frac{AF}{\sin\alpha}$$

结合题中已知条件，可求得

$$CF = nAF = n\sqrt{h^2+f^2}$$

$$R = \sqrt{(n\sqrt{h^2+f^2}-f)^2+h^2} = \sqrt{(n^2+1)(h^2+f^2)-2nf\sqrt{h^2+f^2}}$$

由上式，我们就可以确定各环带球面的球心位置和球半径，即对第 $k(k=0,1,2,\cdots)$ 个环带，其球心在光轴上与焦点的距离为

$$C_kF=n\sqrt{h_k{}^2+f^2}=n\sqrt{k^2d^2+f^2}$$

球半径为

$$\begin{aligned}R_k&=\sqrt{(n^2+1)(h_k{}^2+f^2)-2nf\sqrt{h_k{}^2+f^2}}\\&=\sqrt{(n^2+1)(k^2d^2+f^2)-2nf\sqrt{k^2d^2+f^2}}\end{aligned}$$

四、拓展延伸

1. 菲涅尔透镜在投影显示中的应用

菲涅尔透镜被证明其最佳应用就是在投影系统中(图 15-7)，它可通过聚焦或调整光准直来增强显示器的亮度，即准直光线和聚焦光线。菲涅尔透镜将光源发出的束光源调整为平行光，可显著提高显示面板四周的亮度，消除太阳斑效应，从而提高整体显示亮度的均匀性。一般情况下，菲涅尔透镜并不单独使用。图 15-8 表明了系统中有菲涅尔透镜和无菲涅尔透镜时屏幕的亮度变化。

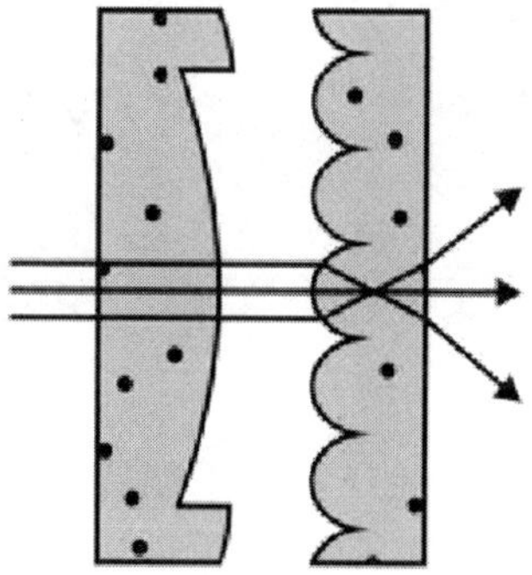

图 15-7 投影系统中的菲涅尔透镜

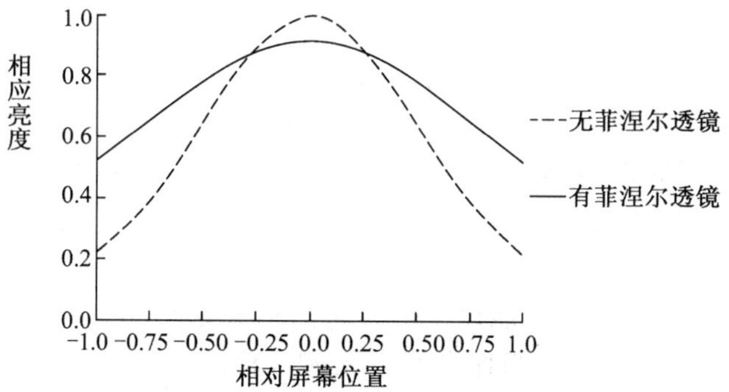

图 15-8 使用菲涅尔透镜后的亮度改善

2. 菲涅尔透镜在太阳能聚光系统中的应用

菲涅尔透镜是太阳能聚光系统(CPV)中重要的光学部件之一(图 15-9)，在光学系统中，应用菲涅尔透镜的作用就是将光线从相对

较大的区域面积转换成较小的面积上。鉴于地面太阳辐照能流密度低，若使菲涅尔透镜的焦点刚好落在太阳能的芯片上，透镜可将接收到的太阳光汇聚到面积较小的高效太阳电池片上，使入射到太阳电池的能流密度增大。在此过程中即减少了价格昂贵的太阳电池片，既可降低系统成本，又提高了系统整体的输出功率。因此，菲涅尔透镜在光伏发电系统中的应用具有很大的潜力与价值。

图 15-9　太阳能菲涅尔透镜

应用在太阳能聚光系统中的菲涅尔透镜采用的是齿面向内型，可以很好地减少太阳辐射对棱角的冲击，同时齿面朝内也可避免在阶梯处积攒灰尘。

3. 菲涅尔透镜在人体感应中的应用

人体感应模块中的红外传感器是将人体或动物发出的红外线转换成电信号的装置。它可以用来检测人体的存在，因此被广泛应用于电子产品中，如安全装置、防盗报警器、感应门、自动灯和智能玩具。为了提高传感器的检测距离，通常在传感器的受光前表面增加一个菲涅耳透镜，透镜主要有以下两个作用：一是聚焦，将探测空间的红外线有效地集中到传感器上，并将入射光的波长峰值限制在人体红外线辐射的范围内。二是将探测区分为若干个明区和暗区，使进入探测区的移动物体能以温度变化的形式在传感器上产生变化的红外信号（图 15-10）。当探测区内无人体移动时，传感器感应到的只是背景温度；当人体进入探测区时，传感器感应到人体温度与背景温度的差异，信号被采集后，与系统中已存在的探测数据进行比较，并以此判断是否真的有人等红外线源进入探测区域。

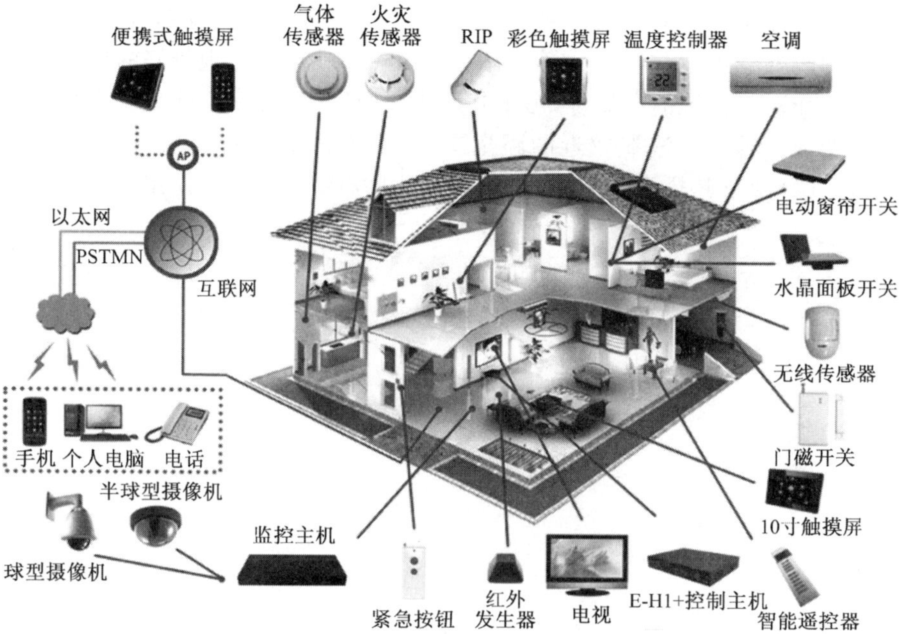

图 15-10 **菲涅尔透镜在人体感应中的应用**

4. 菲涅尔透镜在照明中的应用

LED 体积很小,但市场上销售的 LED 用杯状透镜的厚度大多在 10 mm 以上,这成为 LED 在某些场合应用的致命问题,使用菲涅尔透镜可以做到减小透镜的厚度和减少光吸收的效果。其精确的超薄锯齿可以做到精确的光学设计,其光学质量好,光线利用率较高,拥有传统光学玻璃透镜所没有的优点。在 LED 灯领域广泛应用于筒灯、射灯、洗墙灯、舞台灯等多种灯具(图 15-11)。

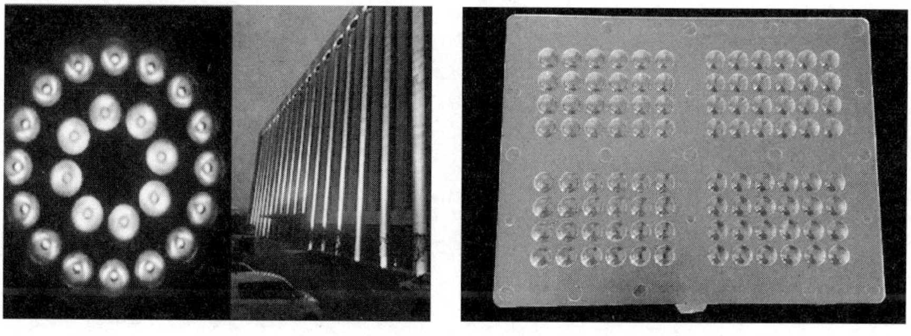

图 15-11 **菲涅尔透镜在 LED 照明中的应用**

菲涅尔透镜能够很好地将 LED 输出的光校准成平行光，在这个应用中只要将透镜与 LED 之间的距离控制好，就可以实现较好的校准功能。而对于传统的白炽灯，由于其发光发热严重，使得目前最普遍的塑料制成的透镜无法在较近的距离工作，因而无法对其出光进行准直。但 LED 由于其热量可以传导，因此可以与塑料透镜配合使用。

16

光纤传像

一、装置介绍

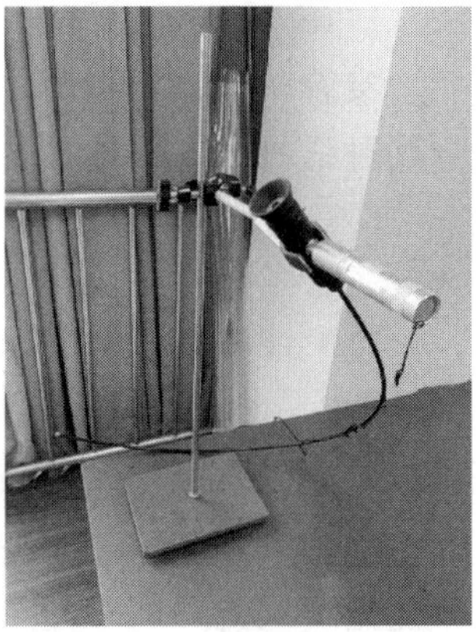

图 16-1　光纤传像装置

光纤传像装置的主体部分由前置物镜、光纤传像束、调焦目镜等组成(图 16-1),主体外配有外置光源,使用时可将装置固定于铁架台使用。

二、使用方法

光纤传像装置的使用较为简单,首先,按照要求组装好器材,将外置光源部分连接到主体;其次,调整光纤,将镜头对准想要观测的物体,在光线昏暗的地方,需要打开照明光源以便观察;再次,旋转手轮,调节目镜焦距直至图像清晰;最后,使用完毕,关闭照明开关。

三、物理原理

1. 光纤传光原理

传像光纤主要由全反射光纤构成,最简单的全反射光纤是由均匀透明介质构成的圆柱形细丝,称为单质光纤。但是,光在单质光纤中传输时,易受光纤表面的缺陷和污物的影响发生散射而射出光纤,产生光能损耗,影响传像的清晰度。因此,人们在光纤的外面包上一层折射率比纤芯低的玻璃,这种光纤称为外包光纤。

图 16-2 是光线在光纤中的传输原理图,纤芯折射率为 n_1,包层折射率为 n_2,且 $n_1>n_2$。根据斯涅耳折射定律,光线从空气中入射,在光纤的一个端面上经过折射进入纤芯,满足:

$$\sin\theta = n_1 \sin\left(\frac{\pi}{2} - \varphi\right) \tag{16-1}$$

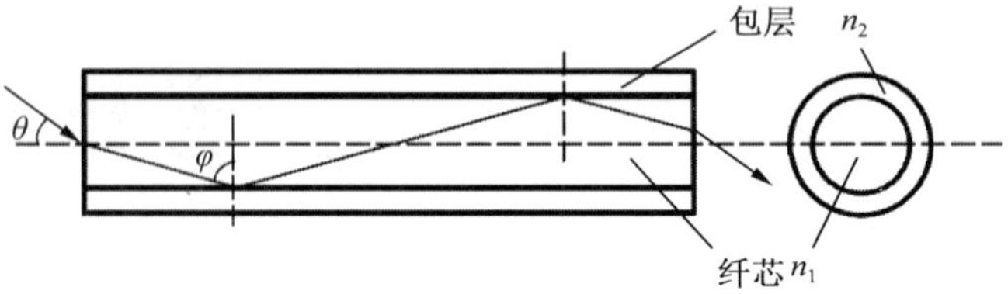

图 16-2　光线在光纤中的传输原理图

接着，光线以角度 φ 入射到纤芯与包层的界面，当入射角 φ 大于全反射临界角 φ_c 时，光线在界面内壁发生全反射。根据折射定律，有

$$\sin\varphi_c = \frac{n_2}{n_1} \tag{16-2}$$

由上述两式可求得入射临界角：

$$\sin\theta_c = \sqrt{{n_1}^2 - {n_2}^2} \tag{16-3}$$

因此，为了保证光线在纤芯与包层的界面发生全反射，应满足 $\varphi > \varphi_c$，$\theta < \theta_c$，即光纤入射角最大角需小于式(16-3)才能满足全反射条件，保证光线从光纤的一端入射，在光纤内表面发生多次全反射，光沿着光纤传播，最后成功从另一端出射。

通常，临界角 θ_c 被称为孔径角，其对应的正弦值被称为数值孔径，用 NA 表示，即

$$\mathrm{NA} = \sin\theta_c = \sqrt{{n_1}^2 - {n_2}^2} \tag{16-4}$$

光纤的数值孔径代表了光纤的传光能力，它是光纤的重要性能指标。由式(16-4)可知，若想提高数值孔径 NA，可增加 n_1 和 n_2 之间的差值。

2. 光纤传像原理

我们需要注意到，单条光纤只能传光，不能成像。如果将许多光纤固定在一起，构成光纤束，就可以将具有一定面积的像面通过每根光纤，逐点地将像由光纤束的一端传至另一端。

光纤传像装置的基本成像过程如图 16-3 所示。目标物的相关图像信息经前端物镜成像于光纤传像束的前端面处，该端面上的图像被光纤传像束中离散分布的大量光纤单丝采样，单丝之间互不干扰，独立地将图像信息传输到另一端。我们可将每根单丝看作一个像元，像元

的数目等于端面上光纤的根数。如图 16-4 所示，光纤在传像束中的排列是一一对应的，每一根光纤负责传输图像的一部分，在输出端重新组合成一幅完整的图像，和传输前的图像大小、形状完全一样。在另一端面，出射图像经过目镜可供人眼直接观察，或通过 CCD 进行信号转换后传输至电脑终端观察。

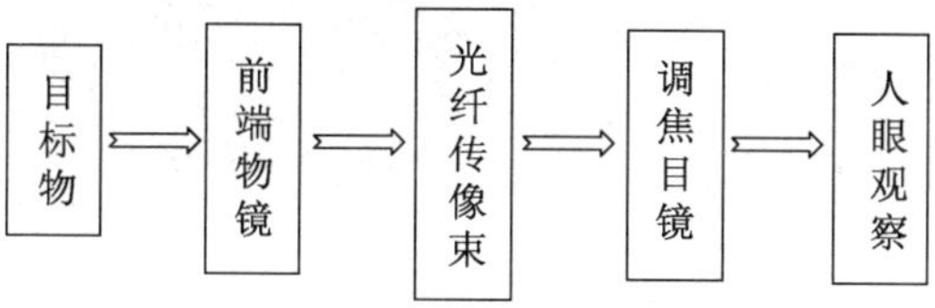

图 16-3　光纤传像装置的基本成像过程

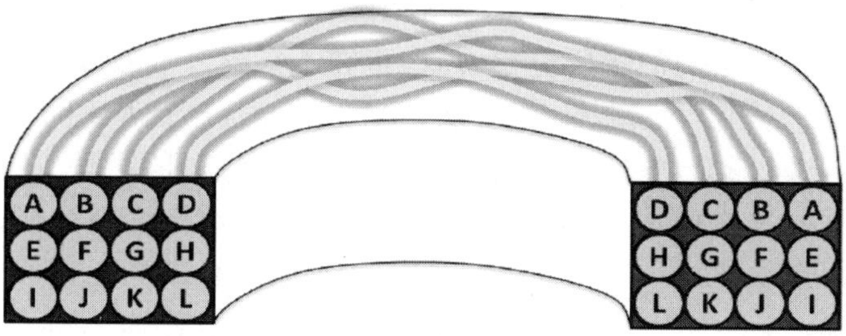

图 16-4　光纤传像束的传输过程

四、拓展延伸

1. 医用内窥镜

由于光纤传像束本身较柔软，人们利用这个特点，针对人体的不同器官部位，制成各类医用内窥镜（图 16-5）。医用内窥镜经人体的天然孔道，或者经手术做的小切口进入体内，可直接窥视有关部位的变化。目前，光纤传像束制成的医用内窥镜已经有了广泛的应用。例如，胰腺疾病的早期诊断仅凭超声 CT 很难确诊，而通过胰腺内窥镜，能够准确地通过可视化的信息传达胰腺问题，便于医生对病症进行确诊，为患者争取了宝贵的治疗时间。再如，利用颅内窥镜，不用开颅，只需在颅骨上打一小孔，即可进行脑肿瘤切除手术；用脊髓内窥镜，可检查和诊断非感染性严重蛛网膜炎症，还可用于肝脏、肾脏及肌肉的诊断；用胃镜可进行食管、胃以及十二指肠疾病的早期诊断。

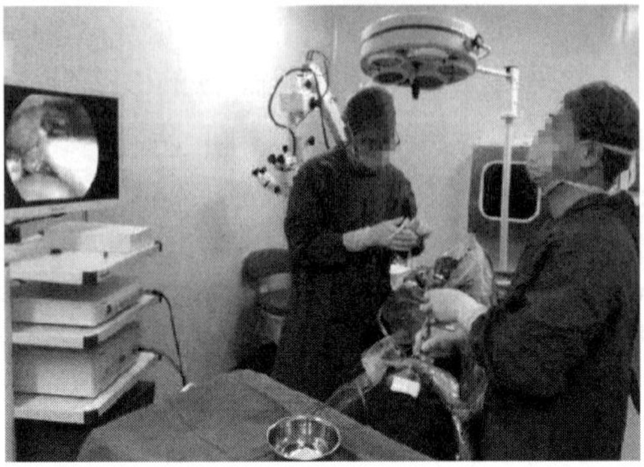

图 16-5　医生借助鼻内窥镜手术的画面

2. 工业内窥镜

工业内窥镜可用于高温、有毒、核辐射等复杂环境，并且能够对人眼无法直接观察到的场所进行观察，可在不需拆卸或破坏组装及设备停止运行的情况下对仪器内部实现无损检测，广泛应用于航空（图16-6）、汽车、船舶、电气等现代核心工业的各个部门，发挥了越来越重要的作用。具体来说，工业内窥镜可用于检查焊缝表面裂纹、未焊透及焊漏等焊接质量；检查表面裂纹、起皮、拉线、划痕、凹坑、凸起、斑点、腐蚀等缺陷；当某些产品（如涡轮泵、发动机等）工作后，按技术要求规定的项目进行内窥检测；当有要求和需要时，使用工业视频内窥镜对装配质量进行检查，装配或某一工序完成后，检查各零部件组件装配位置是否符合图样或技术条件的要求，是否存在装配缺陷；检查产品内腔残余内屑、外来物等多余物。

图 16-6　利用内窥镜探测航空发动机内部零件

3. 瞄准镜与折叠潜望镜

传统军事设备如主战坦克的机关枪、轻武器等，由于其连续击发振动，使人眼无法贴近瞄准，准确率低，若对壳体内部高速动态过程照相，因几何上的障碍，存在图像传输的困难。大截面光纤传像束具有柔性好，体积小，无源，抗干扰，图像传输过程可不受空间限制，易实现像的旋转，图像稳定，便于仪器的整体布局等优点，是一种比较理想、适于我国国情的瞄准和潜望监视的传像工具。

例如，微型折叠潜望镜（图 16-7），可直接插入 6 mm 宽的门下空隙进行观察，可调整角度，且无视觉死角，可进行隐蔽观察，适用于反恐、特警攻击及秘密观察；利用光纤传像系统的柔性与潜望功能，可制成轻型枪用光纤红点瞄准镜（图 16-8），射手能在近距离受到敌方严重杀伤威胁的条件下，有效地隐蔽自己并快速瞄准射击以制胜敌人。

图 16-7 微型折叠潜望镜

图 16-8 轻型枪用光纤红点瞄准镜

17

穿墙而过

一、装置介绍

穿墙而过的装置主体是一个透明的玻璃管，玻璃管中间看上去有一堵不透光的“墙”，管内还有一颗可以来回滚动的小钢球，如图 17-1 所示。

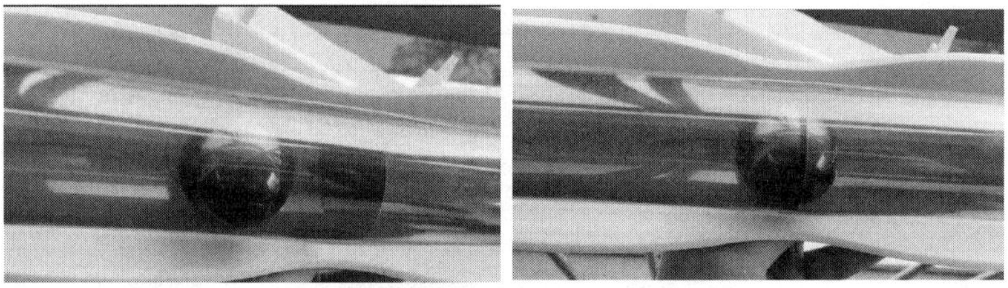

图 17-1　穿墙而过装置

二、使用方法

使用前让小球位于管道的一端，然后抬高管道中装有小球的一端，使小球从一端滚向另一端，当小球经过管道中间的“墙”时，能看到小球穿过管子中间的这堵“墙”，顺利地滚到管道的另一端。从管道顶端观察孔可以窥视管道内部的情况，发现管道中间并没有“墙”。

三、物理原理

管道中间的这堵“墙”其实是一种光学现象，这个现象是由于光的偏振原理形成的。

光是一种横波，它的振动方向与传播方向相互垂直。通常光源发出的光，它的振动面不只限于一个固定方向，而是在各个方向上均匀分布，这种光叫作自然光。当自然光通过偏振片后就会仅剩下与偏振片的偏振方向相同方向的偏振光。

玻璃管左右两部分的内壁分别贴了两种透振方向相互垂直的偏振膜，使得进出左右两部分的光线只剩下与各自偏振膜偏振方向一致的两种偏振光，虽然亮度变暗，我们依然可以看到管子的内部。然而透过左侧的偏振膜看右侧的偏振光时，由于左右两个偏振膜的偏振方向相互垂直，导致光线无法透出，反之亦然。因此，在两个偏振膜交接之处好像存在一堵不透光的“墙”，实际上这堵“墙”是不存在的，所以小球可以顺利穿过。

四、拓展延伸

1. 偏振光眼镜

偏振光眼镜(图 17-2)是可以消除玻璃、水面反光以及防止阳光刺眼的特种眼镜，其镜片颜色有茶色、灰色和墨绿色等，是钓具辅助工具之一。光波中有自然光和偏振光两种，自然光的电磁波是向四面八方振动的，人们用肉眼和普通太阳镜观察水面上的浮漂时会出现倒影，加上水面波纹闪动反光，很难看清浮漂，而偏振镜片中间的胶膜内含有无数细小的杆状晶体，均朝一个方向顺序均匀地排列，故通过偏振眼镜后的光线只能朝一个方向振动，能有效地减少反光(图 17-3)。此外，汽车前挡风玻璃和大灯罩都有偏振片，可有效缓解光照刺眼，提高驾驶的安全性。

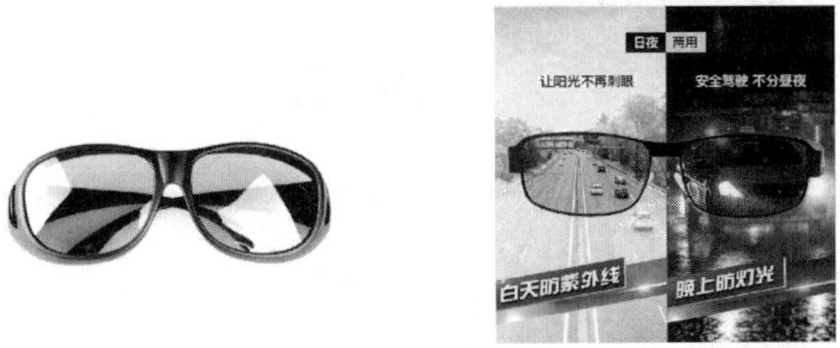

图 17-2　偏振光眼镜

图 17-3　左图为直接观察水下景物，右图为透过偏振光眼镜观察水下景物

2. 3D 电影

3D 电影以人眼观察景物的方法，利用两台并列安置的电影摄影机，分别代表人的左、右眼，同步拍摄出两条略带水准视差的电影画面。放映时，将两条电影影片分别装入左、右电影放映机，并在放映镜头前分别安装两个偏振轴互成 90°的偏振镜。两台放映机需同步运转，同时将画面投放在银幕上，形成左像、右像双影。当观众戴上特制的偏振光眼镜时，由于左、右两片偏光镜的偏振轴互相垂直，并与放映镜头前的偏振轴相一致，致使观众的左眼只能看到左像，右眼只能看到右像，通过双眼将左、右像叠加在视网膜上，由大脑神经产生 3D 立体的视觉效果，展现出一幅幅连贯的立体画面，使观众感到景物扑面而来或进入银幕深凹处，产生强烈的"身临其境"感(图 17-4)。

图 17-4　3D **电影**

3. 偏振摄影

当光线照射在物体上时，会有一定波长的光线被反射出来，呈现出特定颜色，而其余波长的光线就会被物体吸收。例如，纯蓝色的物体只会反射蓝色光，同时吸收红、橙、黄、绿、青和紫色光；同样，绿叶会反射绿色光和一部分黄色光，吸收其余光线。如果经过反射后的光波只向一个方向振动，那么就叫作偏振光，偏振光会引起眩光并降低反射表面的色彩饱和度。

偏振镜是在两片玻璃中夹有一层偏振片的特殊滤镜(图 17-5)。摄影时，摄影师可以在镜头前装上偏振镜，然后通过旋转镜片改变偏振角度，从而过滤掉一部分光线，这样就可以增加色彩饱和度(图 17-6)。若摄影师的拍摄方向与光线照射方向保持垂直，光线的偏振性最强，偏振镜的作用最明显；但当太阳位于摄影师面前或身后时，偏振镜就不会起作用。

图 17-5 摄影用偏振镜

图 17-6 使用偏振镜前后对比

目前有两种偏振镜可选：线性偏振镜和圆形偏振镜，不过只有圆形偏振镜适合数码相机，因为线性偏振光可能会影响相机的测光和自动对焦系统。不过，如果你真的需要使用线性偏振镜，只需要在安装偏振镜之前进行测光，安装滤镜后增加一定的曝光值拍摄即可。胶片相机则不受偏振镜类型的影响。

4. 红外偏振光治疗仪

红外偏振光治疗仪(图 17-7)选取光源波长在人体透射窗口 0.6～1.6 μm 之间，称为“人体光学窗口”，经过直线偏振(偏振度达 91%以上)处理后其光功率更强，有效照射深度更深，故其疗效更加明显。其中对人体组织的最大透照深度为 5 cm 以上。

偏振光取激光直线偏振之精华，避激光波长单一、治疗功效低之不足，取近红外线穿透力强、复合波长疗效高之精华，避近红外线散射、易吸收、无偏振光之缺陷，故又被称为“超激光疼痛治疗仪”。利用不同功能的治疗头，通过对人体的神经

图 17-7 红外偏振光治疗仪

节、神经干、神经根、经络穴位和痛点的照射，可显著改善血液循环，阻断疼痛恶性循环，对人体炎症性、神经性和创伤性疾患进行有效的无创治疗，人体各系统将趋于正常的生理平衡，人体的亚健康状态将调整到健康状态。

18 频闪转盘

一、装置介绍

频闪转盘由可调节频率的频闪仪和转盘正对放置而成，黑色转盘上带有 3 个标记了字母 A、B、C 的荧光叶片(图 18-1)。

图 18-1　**正转和反转装置**

二、使用方法

将频闪仪和转盘正对放置，接通电源后，转盘顺时针旋转，此时调节频闪仪的发光频率，在不同频率情况下，可以观察到转盘上的叶片顺时针转动(正转)或逆时针转动(反转)，甚至还可以出现三个叶片位置固定不变的情况。

三、物理原理

正转与反转的条件，视频率与叶片频率和闪光频率之间的关系而定。

视频率反映了相邻反射界面之间间距的大小。间距越大，上、下界面处产生的反射波之间的时间间隔就越大，即视频率越小；反之，间距越小，则视频率越大。

研究物体的运动时，通常需要选择一个参考系，还会在参考系基础上选定一个方向作为参考，研究物体的运动情况就是看其空间位置相对于参考系是否变化，以及人们所观察到的物体空间位置相对参考方向的变化关系。

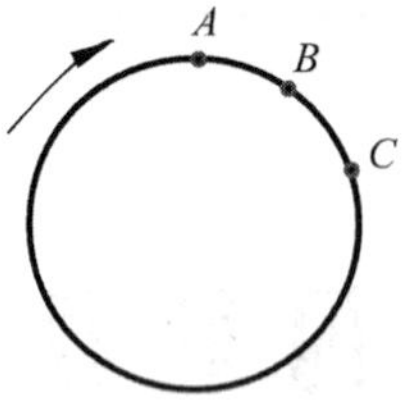

图 18-2　叶片正转

设转盘绕定轴按顺时针转动，当某叶片转到参照点 A 时开始计时，以叶片的实际转向为参考方向。若在人眼的一个视觉周期 T 内，某叶片从点 A 转过大于 $n(n=0,1,2,3,\cdots)$ 圈而小于 $(n+0.5)$ 圈至点 B，在之后的一个视觉周期 T 内，某叶片从点 B 再次转过大于 n 圈而小于 $(n+0.5)$ 圈至点 C（图 18-2）……此时人眼所观察到的现象就是叶片沿着 $A\to B\to C$ 方向运动，即叶片正转。此时叶片的转速 $N(t)$（N 是 t 的函数）满足 $n\leqslant N(t)\leqslant n+0.5(n=0,1,2,3,\cdots)$。

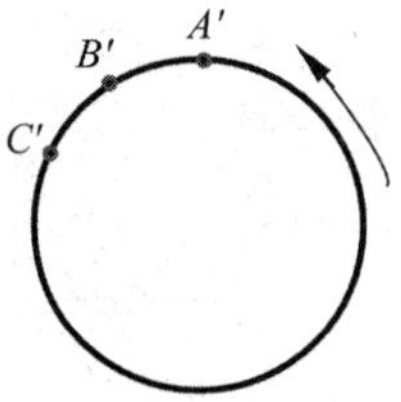

图 18-3　叶片反转

若在人眼的一个视觉周期 T 内，某叶片从点 A 转过大于 $(n+0.5)(n=0,1,2,3,\cdots)$ 圈而小于 $(n+1)$ 圈至点 B'，在之后的一个视觉周期 T 内，某叶片从点 B' 再次转过大于 $(n+0.5)$ 圈而小于 $(n+1)$ 圈至点 C'（图 18-3）……此时人眼所观察到的现象就是叶片沿着 $A'\to B'\to C'$ 方向运动，即叶片反转。此时叶片的转速 $N(t)$（N 是 t 的函数）满足 $n+0.5\leqslant N(t)\leqslant n+1(n=0,1,2,3,\cdots)$。

若在人眼的一个视觉周期 T 内，某叶片从点 A 恰好转过 n 圈，则人眼所观察到的现象就是叶片好像始终停留在 A 点“静止不动”似的，人们就把这种现象叫作“不动”。

从以上分析我们得到这样一个结论：绕定轴转动的物体出现“正转”和“反转”现象的判断依据，就是看一个视觉周期 T 内其转速 $N(t)$ 与转盘转速的关系：若 $n\leqslant N(t)\leqslant n+0.5(n=0,1,2,3,\cdots)$，观察到的就是正转现象；若 $n+0.5\leqslant N(t)\leqslant n+1(n=0,1,2,3,\cdots)$，观察到的就是“反转”现象；若 $N(t)=n(n=0,1,2,3,\cdots)$，则观察到的现象就是“不动”。

四、拓展延伸

电影里车轮为什么是倒着转的?

看电影时，大家不仅会关注剧情，还乐于找出各种穿帮镜头。经常有小伙伴会发现这么一个“bug”——向前行驶的车轮怎么是倒着转的（图 18-4）?

图 18-4　**车轮效应**

实际上，这并不是特效出“bug”，反而是拍摄了真车才会出现这种现象，它还有个专用名——“车轮效应”（wagon-wheel effect），属于频闪效应的一种。

当现实中的汽车高速行驶时，我们的眼睛根本来不及捕捉车轮辐条的滚动，只能看到它们糊成一片。而电影画面则是摄像机对现实画面的捕捉，这个捕捉过程并不像我们看到的那样连续，摄像机更像是一个快速连拍的相机，只要足够快，就会让我们的大脑反应不过来，就以为其为连续画面，这就是“视觉暂留”（persistence of vision）现象。

基于人类视觉的这一局限性，拍摄电影的摄像机通常设置为每秒拍摄 24 个画面，也就是 24 帧/秒的帧率。所以我们在电影中看到的车轮旋转画面已经是“删减”版了，仅由摄像机抽取的画面组成。最终呈现的视觉效果则取决于摄像机的帧率、车轮的转速以及辐条的排布方式。

在图 18-5 中，将车轮的辐条简化成均匀分布的 4 根，其中一根为灰色，作为标记物。辐条之间的夹角设为 α，灰色辐条顺时针方向角度变化设为 θ。

假设这个车轮顺时针旋转，摄像机第一次捕捉到它的画面在图 18-5(a)所示位置，第二次在图 18-5(b)所示位置，那么这个车轮旋转过的角度应该是 n 圈$+\theta$（n 为自然数），但在我们的眼睛看来，它只顺时针旋转了 θ。同理，若旋转角等于 $n\alpha$，如图 18-5(c)所示位置（$\theta=\alpha$）时，车轮看上去是静止不动的。而在图 18-5(d)中，θ 角接近 $360°$，可我们的大脑并不想费劲地绕个大弯，于是便就近地认为辐条是逆时针转了 $360°-\theta$ 的小角度。

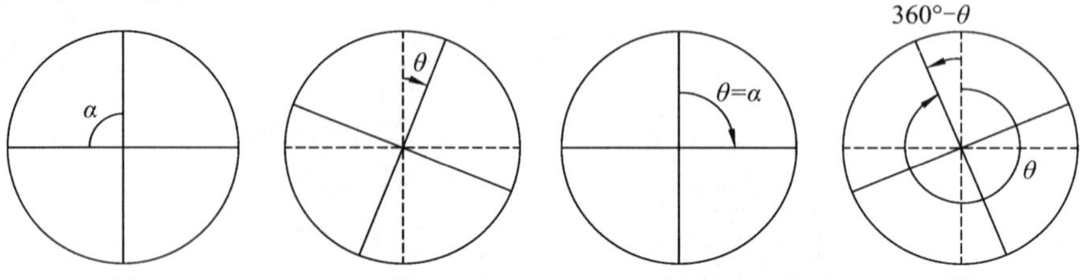

图 18-5 **“车轮效应”示意图**

总而言之，和我们做数学题时的逻辑分析不同，眼睛只管自己看到了什么，大脑也总是倾向于选择最轻松的解读方式。

生活中也能看到类似的现象，比如我们有时候在日光灯下观察电扇时似乎发现它也在倒转。这实质是因为日光灯也是闪烁光，其闪烁频率为市电频率(大约 50 Hz)，我们之所以觉得灯一直亮着是因为视觉暂留效应。因此，日光灯的每一次亮起都意味着拍了一帧静图，在日光灯下看电扇相当于在看以 50 帧/秒的帧率拍摄的电影。当电扇的转速和闪烁频率处于某种关系时，我们自然也能看到风扇倒转现象。

利用这些频闪效应，还能产生出不少有趣的视错觉体验。

19 蒸汽机

一、装置介绍

蒸汽机模型由锅炉、汽缸、飞轮、发电机组成，锅炉下配有燃烧室，整个装置安装在金属底座上(图 19-1)。

图 19-1 大型蒸汽机模型

二、使用方法

打开锅炉上的注水口螺丝，注入纯净水(不能用自来水)，使水量在锅炉高度的三分之一左右即可，拧紧注水口螺丝；在燃烧室的燃烧皿里放入适量固体酒精，点火后推入燃烧室加热锅炉，此时通向汽缸的管道上阀门应处于关闭状态。加热 20 min 左右，当压力表指示 0.1 MPa 时，打开管道阀门向汽缸导入蒸汽，初期蒸汽主要用于预热汽缸。推动飞轮，看是否能发动机器，如果不能发动机器，则要关闭阀门，继续加热锅炉，等压力表恢复指示到 0.1 MPa 以上时再打开阀门，转动飞轮即可发动蒸汽机。

使用过程中应注意用火安全,禁止向有明火的燃烧皿里添加燃料,燃料添加和点火必须在金属托盘内进行,以防燃料溢出。实验结束后应将燃烧皿移至水池里用水冲洗,彻底熄灭明火。

三、物理原理

蒸汽从蒸汽锅炉经蒸汽管路和蒸汽分配装置(滑阀室)进入汽缸,汽缸内的活塞在蒸汽压力作用下按次序自一端到另一端做往复运动(图 19-2)。当活塞的一面在进汽时,废汽从活塞的另一面排出。活塞借活塞杆与连杆的一端相连接,连杆的另一端与曲柄轴相连接,蒸汽分配装置(滑阀)是由安装在蒸汽机曲柄轴上的偏心轮来带动的。当活塞在蒸汽压力作用下向右移动时,滑阀向左移动;当活塞向左移动时,滑阀则向右移动。滑阀室和汽缸相连接,在此滑阀室中有一抛光的平面——滑阀面,在滑阀面内开有三条汽路:两条在两侧,一条在中间。蒸汽经过中间的汽路向外排出,而经过两侧的汽路进入汽缸内。滑阀借偏心轮可以在滑阀面上沿滑阀室纵方向做往复运动。滑阀如一盒子,在其移动时能关闭汽路的所有的三个汽口或者其中两个汽口。从锅炉进入滑阀室的蒸汽经汽路中的一条,如经左侧汽路进入汽缸。此时,右侧的汽路被滑阀关闭,并且在滑阀下与排汽汽路相连通。从锅炉出来的蒸汽往汽缸内进汽,直到滑阀向左移动,把左侧的汽路关闭,并使左侧汽路与排汽汽路相连通时为止。使滑阀做往复运动的偏心轮应正确地安装在曲柄轴上,当活塞移至死点时,滑阀能使蒸汽开始从活塞的一侧进汽,而从另一侧排汽。

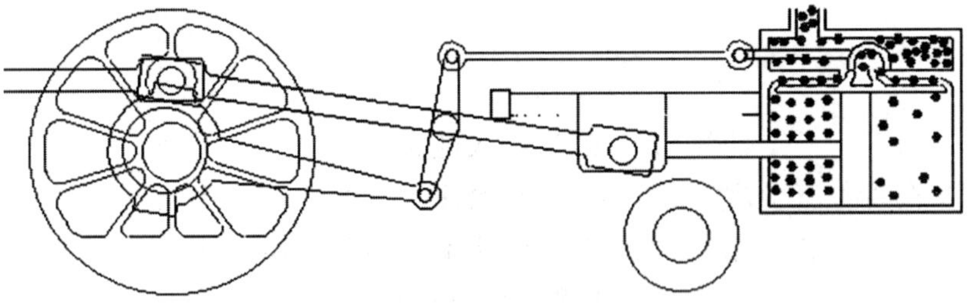

图 19-2　蒸汽机的工作原理

四、拓展延伸

1. 蒸汽机的发明历史

世界上第一台蒸汽机是由古希腊数学家亚历山大港的希罗(Hero of Alexandria)于公元1世纪发明的汽转球(图19-3),这是蒸汽机的雏形。

图19-3 世界上第一台蒸汽机

约1679年,法国物理学家丹尼斯·帕潘在观察蒸汽逃离他的高压锅后制造了第一台蒸汽机的工作模型。同时代的萨缪尔·莫兰也提出了蒸汽机的想法。

托马斯·塞维利于1698年和托马斯·纽科门于1712年分别制造了早期的工业蒸汽机,他们对蒸汽机的发展都做出了自己的贡献。

16世纪末到17世纪后期,英国的采矿业,特别是煤矿,已发展到相当的规模,单靠人力、畜力已难以满足排除矿井地下水的要求,而现场又有丰富而廉价的煤作为燃料。现实的需要促使塞维利、纽科门等致力于"以火力提水"的探索和试验。

纽科门及其助手卡利在1705年发明了大气式蒸汽机,用以驱动独立的提水泵,被称为纽科门大气式蒸汽机(图19-4)。这种蒸汽机先在英国,后来在欧洲大陆得到迅速推广,它的改型产品直到19世纪初还在制造。纽科门大气式蒸汽机将蒸汽引入汽缸后阀门被关闭,然后冷水被撒入汽缸,蒸汽凝结时造成真空,活塞另一面的空气压力推动活塞,在矿井中连接一根深入竖井的杆来驱动一个泵,蒸汽机活塞的运动通过这根杆传到泵的活塞来将水抽到井外。纽科门大气式蒸汽机的热效率很低,这主要是由于蒸汽进入汽缸时,在刚被水冷却过的汽缸壁上冷凝而损失掉大量热量，只在煤价低廉的产煤区才得到推广。

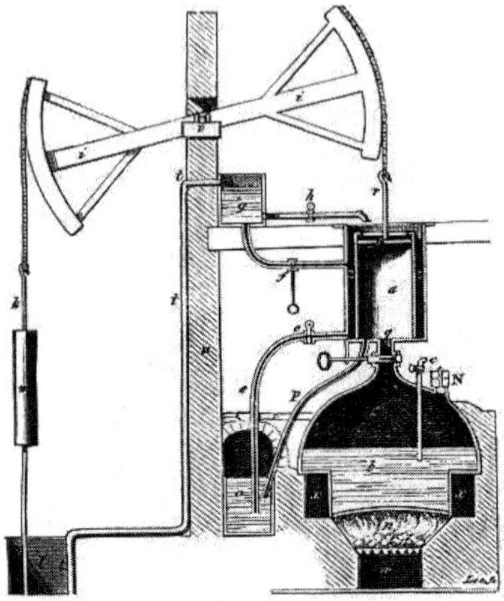

图 19-4　纽科门大气式蒸汽机

瓦特运用科学理论，逐渐发现了这种蒸汽机的毛病所在，于 1765 年发明了与汽缸壁分开的凝汽器的蒸汽机，并于 1769 年取得了英国的专利。从 1765 年到 1790 年，他进行了一系列发明，比如分离式冷凝器、在汽缸外设置绝热层、用油润滑活塞、行星式齿轮、平行运动连杆机构、离心式调速器、节气阀、压力计等，使蒸汽机的效率提高到纽科门大气式蒸汽机效率的 3 倍多，最终发明出工业用蒸汽机（图 19-5）。

图 19-5　瓦特及其改良的蒸汽机

瓦特的创造性工作使蒸汽机迅速地得到发展，他使原来只能提水的机械成了可以普遍应用的蒸汽机，并使蒸汽机的热效率成倍提高，煤耗大大下降，因此瓦特是蒸汽机的改良者。

自18世纪晚期起，蒸汽机不仅在采矿业中得到广泛应用，在冶炼、纺织、机器制造等行业中也都获得迅速推广。它使英国的纺织品产量在20多年内(从1766年到1789年)增长了5倍，为市场提供了大量消费商品，加速了资金的积累，并对运输业提出了迫切要求。

2. 蒸汽机的分类

按蒸汽在活塞一侧或两侧工作，蒸汽机可分为单作用式和双作用式两种；按汽缸布置方式，可分为立式和卧式；按蒸汽是在一个汽缸中膨胀或依次连续在多个汽缸中膨胀，可分为单胀式和多胀式；按蒸汽在汽缸中的流向，可分为回流式和单流式；按排汽方式和排汽压力，可分为凝汽式、大气式和背压式。

3. 现代蒸汽机的优点

现代蒸汽机最大的优点是它几乎可以利用所有的燃料将热能转化为机械能。不像内燃机那样，它对其燃料不挑剔。此外，没有蒸汽机的话，原子能无法被使用。原子反应堆既不直接产生机械能，也不直接产生电能，原子反应堆实际上只是加热水，这个水被沸腾后的蒸汽通过蒸汽机来转化为机械能。蒸汽不一定需要通过燃烧来产生，比如使用太阳能聚热器也可以产生蒸汽推动蒸汽机。

另一种有类似优点的小巧的外燃机是斯特林发动机。其缺点是它在许多情况下难以运行。

尤其在高山上，蒸汽机车的优点显著，因为它们也可以在比较低的气压下运行，不受海拔限制。

在瑞士和奥地利新的齿轨铁路使用现代的蒸汽机(图19-6)，这些蒸汽机只需要一个人来运行，比起过去的蒸汽机，它节省60%的燃料，比起电力机和柴油机它轻50%，因此对齿轨的磨损小得多。在日内瓦湖上也有一艘新的蒸汽轮船(图19-7)，它是世界上第一艘遥控的蒸汽轮船。

图19-6 瑞士运行的蒸汽机车

图 19-7　日内瓦湖上的蒸汽轮船

4. 蒸汽机的缺点

蒸汽机的弱点是:离不开锅炉,整个装置既笨重又庞大;蒸汽的压力和温度不能过高,排汽压力不能过低,热效率难以提高;它是一种往复式机器,惯性限制了转速的提高;工作过程是不连续的,蒸汽的流量受到限制,也就限制了功率的提高。

现代大型火电厂使用的是蒸汽轮机(图 19-8),相较于传统往复式蒸汽机,蒸汽轮机大幅改善了热效率,更接近热力学中理想的可逆过程,并能提供更大的功率,世界上大约 80%的电能是利用蒸汽涡轮机产生的。

图 19-8　现代大型蒸汽轮机

20 斯特林发动机

一、装置介绍

斯特林发动机(图 20-1)是一种外燃的、闭式循环往复活塞式热力发动机，主要包括热源、冷源、闭式循环系统、动力传动系统(包括工质密封系统)，有些还包括负荷调控系统、启动辅助系统等。

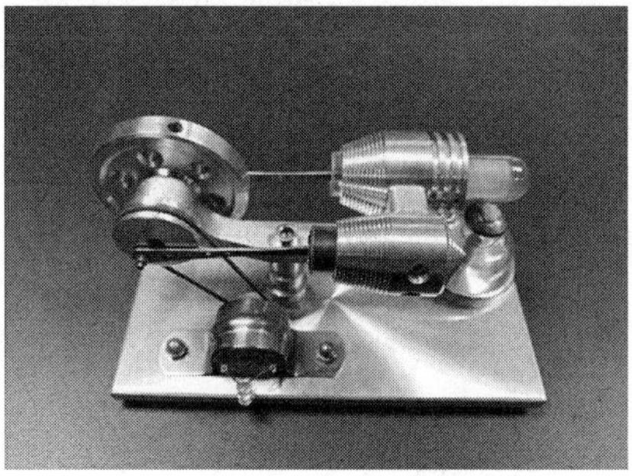

(a) 单缸斯特林发动机

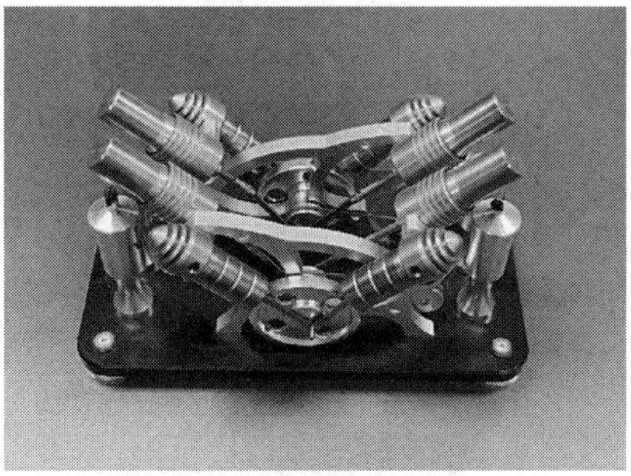

(b) 四缸斯特林发动机

图 20-1 斯特林发动机

二、使用方法

在酒精灯内加适量酒精，点燃酒精灯，将之置于汽缸下，加热汽缸，约 30 s 左右用手转动飞轮，斯特林发动机便开始运转。若要使发动机停止运转，移去酒精灯即可。斯特林发动机通过气体受热膨胀、遇冷压缩而产生动力，这是一种外燃发动机，其燃料在汽缸外的燃烧室内连续燃烧，通过加热器传给工质，工质不直接参与燃烧，也不更换。

三、物理原理

斯特林发动机是通过汽缸内工作介质(氢气或氦气)经过冷却、压缩、吸热、膨胀为一个周期的循环来输出动力的。燃料燃烧提供能量，使氢气(或氦气)膨胀推动活塞运动，膨胀气体在冷却室冷却(图 20-2)，反复地进行这样的循环过程，这个工作循环被称作“斯特林循环”。“斯特林循环”是封闭式的，采用定容下吸热的气体循环方式。在理想吸热的条件下，这种循环的热效率等于温度上下限相同的卡诺循环。

斯特林循环可以分为 4 个过程(图 20-3)：

① 等温压缩过程：配气活塞停留在上止点附近，动力活塞从它的下止点向上压缩工质，工质流经冷却器时将压缩产生的热量散掉，当动力活塞到达它的上止点时压缩过程结束。

② 定容回热过程：动力活塞仍停留在它的上止点附近，配气活塞下行，迫使冷却室内的工质经回热器流入配气活塞上方的热腔，低温工质流经回热器时吸收热量，使温度升高。

③ 等温膨胀过程：配气活塞继续下行，工质经加热器加热，在热腔中膨胀，推动动力活塞向下并对外做功。

④ 定容储热过程：动力活塞保持在下止点附近，配气活塞上行，工质从热腔经回热器返回冷却室，回热器吸收工质的热量，工质温度下降至冷却室温度。在理论上，定容储热量等于回热量，其循环效率等于卡诺循环效率。

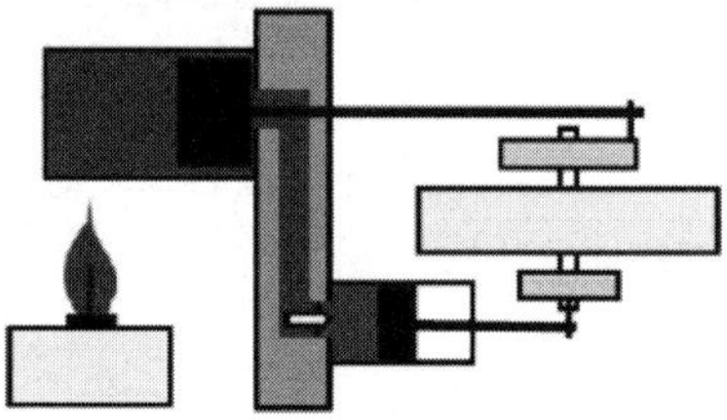

图 20-2 斯特林热机结构

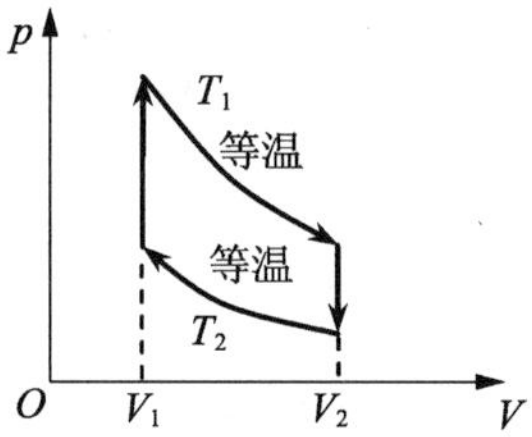

图 20-3 斯特林循环

四、拓展延伸

1. 斯特林发动机的特点

随着热机的发展，热力学理论研究提到了重要位置，不少科学家致力于热机理论的研究工作，斯特林便是其中著名的一位。1816 年，伦敦牧师罗伯特·斯特林(图 20-4)提出了一种活塞式热气发动机——斯特林发动机的构想，这是一种外部加热的闭式循环发动机，该循环由两个等温过程和两个定容回热过程组成，被称为“斯特林循环”，利用这种循环的“斯特林热机”具有很多特点，如采用外燃或外热源供热等，由于这种循环是封闭式循环，可采用传热性能好的工质，同时工质的腐蚀性也可以很小，如氮气、氢气等气体。充入的气体工质，还可以加大压力，视封闭系统的情况，能够采用远远大于大气压力的高压气体工作，这样可以提高发动机的单位重量的功率，减小发动机的体积和重量。斯特林热机在逆向运转时，可以作为制冷机或热泵机，这种设想在现代已进入了实用研究阶段。

图 20-4 **罗伯特·斯特林**

斯特林发动机是一种从外部对内部气体工质连续加热使之做功的活塞式往复发动机，燃烧过程中没有柴油机的爆燃现象，燃烧过程平稳，因此发动机的噪声与振动较小，但是有些斯特林发动机的部件依然采用往复式运动机械，所以在装备潜艇时仍要加装双层隔振系统以减小水下噪声。

斯特林发动机还有许多问题要解决，如膨胀室、压缩室、加热器、冷却室、再生器等的成本高，热量损失较高，快速启动性能比较差等，所以还不能大范围取代内燃机。

2. 斯特林发动机的应用

(1)斯特林发电机

利用太阳能加热斯特林热机从而发电是太阳能发电的一种方式(图 20-5)，斯特林太阳能热机发电具有清洁、高效(最高热电转换效率约为 29.4%，高于光伏 22%的效率)、使用灵活(既可以作为分布式系统单独供电，也可以并网发电)的优点。斯特林太阳能发电的优势是可以在其热腔中加入燃气/燃油辅助加热装置，这样在光照不足的情况下也可以持续发电，相比光伏、风能，更加适合作为分布式发电系统。

对于偏远地区、荒漠和海岛等，架设电网的投资太大，采用柴油发电成本太高，而外燃机可以利用太阳能、沼气、植物、垃圾等发热源发电，上海市老港垃圾填埋场采用斯特林发动机回收沼气发电项目已经调试成功。

图 20-5 斯特林太阳能发电站

(2)斯特林发动机的其他应用

随着科技的发展，300 ℃及更低热源温度的高效率斯特林发动机已经生产出来，可以有效回收工业余热等废热资源。目前，已经开始研究在计算机主板的散热风扇上使用(图 20-6)，通过计算机芯片的发热来带动斯特林发动机，以此来给硬件降温。

图 20-6 斯特林热机风扇

21

记忆合金水车

一、装置介绍

记忆合金水车(图 21-1)是由记忆合金材料制成的水车模型,由支架、偏心转动圆盘、记忆合金弹簧、恒温水箱(图 21-2)组成。圆盘直径约 20 cm,支架高约 30 cm,使用时需要将水车下半部分浸在水中,打开水箱开关,给水加热。

图 21-1 **记忆合金水车**

图 21-2 **恒温水箱**

二、使用方法

将水车置于恒温水箱中(图 21-3),水位刚好没过圆盘的三分之一,打开水箱开关,给水加热,当水温达到 70 ℃左右时,水车开始顺时针方向转动。只要水温保持在 70 ℃以上,水车就会一直转动。关闭水箱开关,停止加热,水温逐渐下降,水车的转动速度随之减慢,最终停止转动。

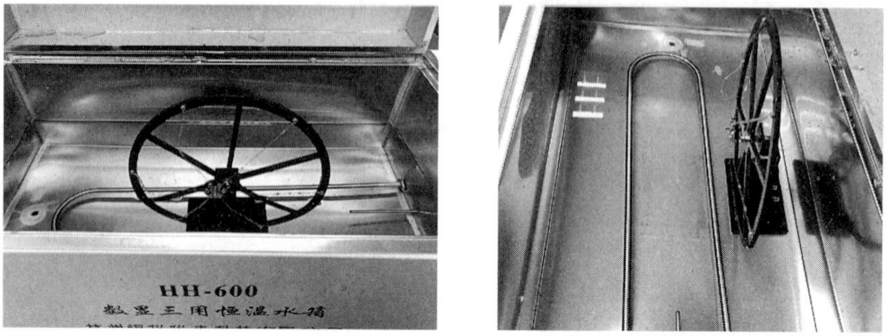

图 21-3 将水车置于恒温水箱中

三、物理原理

1. 力学原理

如图 21-4 所示，记忆合金弹簧的一端固定在圆形转盘边缘上，另一端固定在偏心轴上，弹簧均匀分布。当把记忆合金水车放入热水中后，记忆合金弹簧遇热产生拉力，而在水面上的记忆合金弹簧处于松弛状态，由于记忆合金弹簧一端拉在偏心轴上，这样弹簧给转盘一个拉力作用，使得转盘顺时针转动（图 21-5）。随着圆盘转速变快，水对圆盘的阻力逐渐增加，最终水和弹簧对圆盘的力矩平衡，圆盘匀速转动，达到稳定状态。

图 21-4 转动中的记忆合金水车

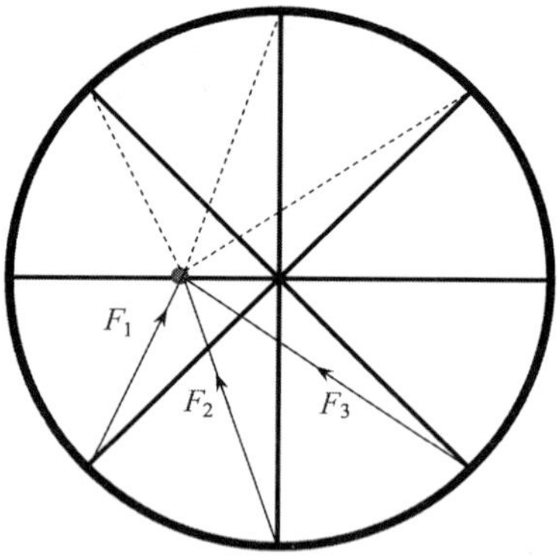

图 21-5 拉力使水车转动

2. 能量转化原理

记忆合金水车看上去好像没有动力就一直转动，它是一种永动机吗？它在转动的过程中，能量转化是如何进行的呢？

实际上，打开恒温水箱开关，给水加热，电能转化成了水的内能；弹簧受热而收缩，水的内能转化成了弹簧的弹性势能，进而转化成水车转动的动能；与此同时，水的内能通过热传递，转移到弹簧上和空气中，弹簧离开热水后，也会向周围空气散热。能量转化和转移的具体过程如图 21-6 所示。

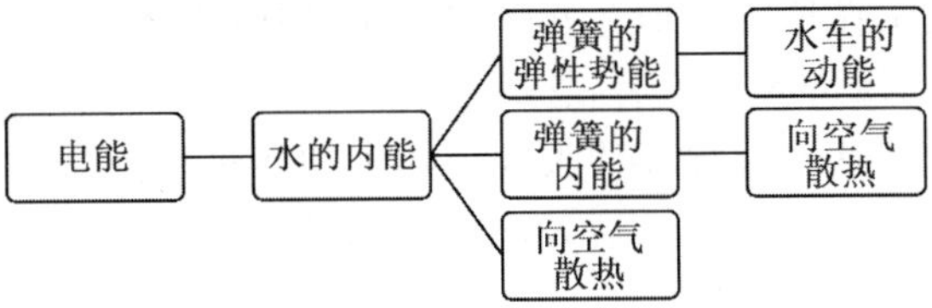

图 21-6 能量的传递

显然，如果不给水加热，水车一定不会转动，因此记忆合金水车的动力来源于水的内能，不违背能量守恒定律，它不是第一类永动机。

3. 热力学第二定律

根据热力学第二定律的开尔文表述，不可能从单一热源吸收热量，使之完全变为有用的功，而不产生其他影响。

正如记忆合金水车，打开恒温水箱的盖子，记忆合金弹簧进入热水时，吸收热量，离开热水时，记忆合金弹簧向空气放热，热量在传递过程中一部分转化成机械能；如果把恒温水箱的盖子盖上，则只有一个高温热源，而没有低温热源，水车不会转动。因此，记忆合金水车也不是第二类永动机。

四、拓展延伸

1. 以记忆合金水车为情境的高考题

2011 年江苏物理高考第 12 题，考查了记忆合金水车工作过程中的能量转化。如图 21-7 所示，一演示用的“永动机”转轮由 5 根轻杆和转轴构成，轻杆的末端装有由形状记忆合金制成的叶片，轻推转轮后，进入热水的叶片因伸展而“划水”推动转轮转动。离开热水后，叶片形状迅速恢复，转轮因此能较长时间转动。下列说法正确的是 （　　）

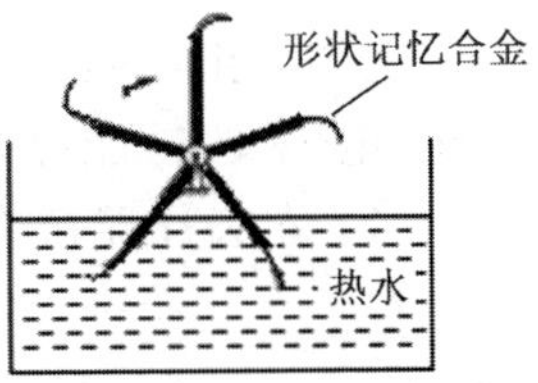

图 21-7 2011 年江苏物理高考第 12 题图

A. 转轮依靠自身惯性转动,不需要消耗外界能量

B. 转轮转动所需能量来自形状记忆合金自身

C. 转动的叶片不断搅动热水,水温升高

D. 叶片在热水中吸收的热量一定大于在空气中释放的热量

题中介绍的记忆合金水车与上文介绍的弹簧式记忆合金水车结构略有区别,但工作原理类似。水槽里的水是热的,大约 70 ℃左右,当形状记忆合金叶片进入水中后,它的形状要回到 70 ℃温度时的形状,从而“划水”前进,这个过程叶片吸收了热水的能量,将水的内能转化成了水车的动能;叶片离开热水后,温度降低,实际上是将一部分内能耗散在了周围空气中。因此,记忆合金水车需要外界持续对水加热,提供能量。

2. 记忆合金材料的发现及应用

和许多科学发现类似,记忆合金材料也是在实验中被偶然发现的。1961 年,冶金专家彼勒在美国海军一个军械研究室中做实验时发现,在不同的温度下,镍钛合金丝碰撞时所发出的声音是不同的。由此他猜想,温度对合金的组织结构可能会产生一定的影响。在进一步的研究中,彼勒再次发现,当他把缠绕在木棒上的镍钛合金拉直后,一旦温度升高,被拉直的合金又恢复到原来弯曲的形状。通过科学家的深入研究,发现了数十种具备这种效应的合金材料。

记忆合金在低温状态下受力而发生塑性形变,温度升高后,会恢复到原来高温状态下的形状,我们把这种效应称为形状记忆效应。形状记忆效应可以分为单程记忆效应和双程记忆效应。在较低的温度下发生形变,加热后可恢复变形前的形状,这种只在加热过程中存在的记忆现象称为单程记忆效应;某些合金加热时恢复高温形状,冷却时又能恢复低温形状,这种效应被称为双程记忆效应。

迄今为止,形状记忆合金已经被广泛应用到了很多领域,比如医疗器械、电子设备、能源开发、航空航天以及日常生活等各方面。

(1) 在医疗器械中的应用

在医学上钛镍合金应用在口腔牙齿矫形,外科中的各种矫形器(图 21-8)、骨连接器(图 21-9)、凝血滤器以及血管夹等。

图 21-8 **脊柱侧弯矫形器**

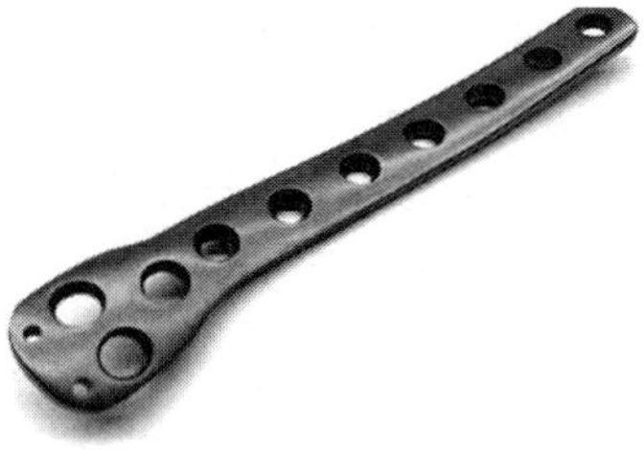

图 21-9 **骨连接器**

(2) 在航空航天中的应用

形状记忆合金可用于制造月球天线(图 21-10),这种天线的形状像一朵盛开的巨型荷花。由于天线体积庞大,运载上月球很不方便,所以在高温下制作好天线,再在低温下把它压缩,压缩后的体积只有原先的千分之一。当天线被送上月球后,太阳的强烈辐射使其温度升高,天线恢复到高温形状,向地球发回宝贵的宇宙信息。

美国宇航局用记忆合金制作空间探测车的车胎(图 21-11),既能防止下沉,又能承重,可以帮助探测车前往更复杂的环境进行探索。

图 21-10 **月球天线**

图 21-11 **记忆合金车胎**

(3) 在日常生活中的应用

在眼镜框架的鼻梁和耳部装配钛镍合金,可以使人感到舒适且抗磨损。用超弹性钛镍合金丝做眼镜框架,即使镜片膨胀,这种形状记忆合金丝也能夹牢镜片(图 21-12)。

用记忆合金材料制造管道的接口,这种接口一般在常温下制作,使它的内径小于管道外围,再在低温下拉大到大于管道外围,套在两管连接的接缝上。该管道一旦放回常温环境，接口便会收缩回常温下的大小，紧紧箍住管口，使两根管子牢牢连成一体。这种接口已经用于油压系统管道十万余例，至今无一例发生漏油或破损事故。

图 21-13 所示为用记忆合金制成的各种器件。

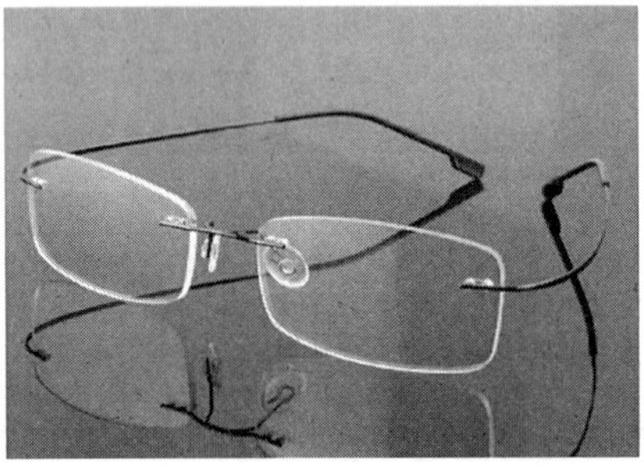

图 21-12　记忆合金眼镜框架

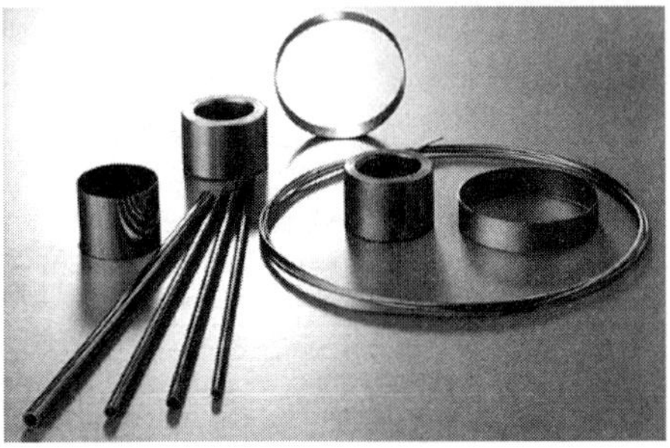

图 21-13　用记忆合金制成的各种器件

22 饮水鸟

一、装置介绍

如图 22-1 所示，饮水鸟的头和躯体分别为两个薄壁玻璃球，其间以一根插入下球底部的玻璃管连通，球内装有液态乙醚($C_4H_{10}O$)(或二氯甲烷 CH_2Cl_2、酒精 C_2H_5OH 等易挥发的液体)，饮水鸟为一个密闭容器。整个鸟身架在一个类似鸟腿的支座上。它的头部粘有尖尖的鸟喙，尾部粘有羽毛。为了让人不能看清鸟身体里的秘密，它的身体被涂上了黑色等不透明颜料。由于乙醚液体易挥发，因此液面上方充满乙醚的饱和气。鸟头四周包裹一层易吸水的绒布。平时饮水鸟身体呈略向前倾姿态。

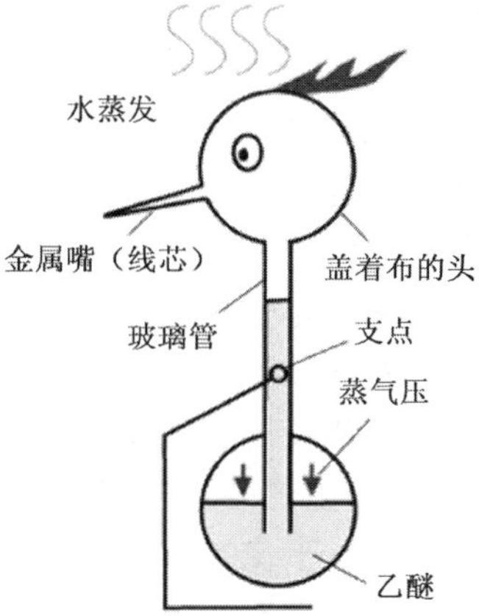

图 22-1 饮水鸟

二、使用方法

启动时给鸟头滴少许水(或者将饮水鸟头部浸没水杯中)，绒布上的水在蒸发时大量吸热，使头部(气室 1)内的乙醚饱和气在降温的同时降压，导致躯体（气室 2）中的饱和气压大于气室 1 中的气压，气室 2 中的乙醚液体沿玻璃管往上升，于是整个鸟的重心上移，从而打破了支点的平衡状态。鸟身随上升的乙醚液体逐渐前倾，当鸟嘴接触液面时，玻璃管的下端露出气室 2 的液面，上、下气室刚好通过玻璃管连通，气室 2 中的部分气体进入气室 1，两部分气体混合，当上、下气室压强一致时，失去气体压力支持的液体将在自身重力的作用下倒流回下球，饮水鸟的重心再次下移，于是渐渐直立起来，回到初始状态，饮水鸟完成了饮水动作。由于"喝"水时，鸟喙接触水面，沾湿了裹鸟头的布，于是它又开始重复"喝"水动作。

三、物理原理

1. 饱和气和饱和气压

乙醚蒸发时，液面上同时进行着两种相反的过程：一方面，乙醚分子从液面飞出来；另一方面，由于乙醚蒸气的分子在不停地做无规则的热运动，有的分子撞到乙醚面又回到乙醚中。在密闭的容器中，随着乙醚的不断蒸发，乙醚面上方乙醚分子的数量不断增多，回到乙醚中的分子数也逐渐增多，蒸发的速度也逐渐变慢。最后，当气态乙醚分子的数密度增大到一定程度时，就会达到这样的状态：在相同时间内回到乙醚中的分子数等于从乙醚面飞出去的分子数。这时，乙醚蒸气的密度不再增大，乙醚也不再减少，乙醚与气体之间达到了平衡状态，蒸发停止。这种平衡是一种动态平衡。与乙醚处于动态平衡的蒸气叫作饱和气，而没有达到饱和状态的蒸气叫作未饱和气。在一定温度下，饱和气的分子数密度是一定的，因而饱和气的压强也是一定的，这个压强叫作这种乙醚的饱和气压。

未饱和气的压强小于饱和气压。饱和气压随温度而变。温度升高时，乙醚分子的平均动能增大，单位时间内从液面飞出的分子数增多，原来的动态平衡被破坏，乙醚继续蒸发，蒸气的压强继续增大，直至达到新的动态平衡为止。

2. 热力学原理

饮水鸟的工作过程包括三个阶段：蒸发吸热、对外做功和从外部热源吸收热量。

(1) 蒸发吸热

处于稳定状态时，气室 1 中的温度为 T_1、压强为 p_1，气室 2 中的

温度为 T_2、压强为 p_2。由于上、下气室都和外界大气接触，因此分别和外界大气处于热平衡状态。由热力学第零定律知，$T_1=T_2$；由理想气体的状态方程 $pV=nRT$ 知，体积不变时上、下气室中的压强将分别与温度存在一定的函数关系，$p\propto T$。而此时饮水鸟的重心刚好落在支点上，所以整个系统处于稳定状态。当鸟头滴上水后，水的蒸发带走气室 1 中的部分热量 Q_1。

(2) 对外做功

由热力学公式 $Q_1=C_V\Delta T$ 可知，气室 1 的温度 T_1 将下降。由于 p_1 与 T_1 成正比例关系，所以压强 p_1 也将下降。气室 2 的液体因为上、下气室压力差沿颈部上升，气室 2 中的气体将推动液体做功 W。所做的功等于液体重力势能的增加量。液体上升又使整个装置重心上升(图 22-2)，当重心超过支点而移向头部时，在重力矩作用下，饮水鸟就会点头“喝”水(图 22-3)。这个位置可以通过鸟喙的重量来调试。

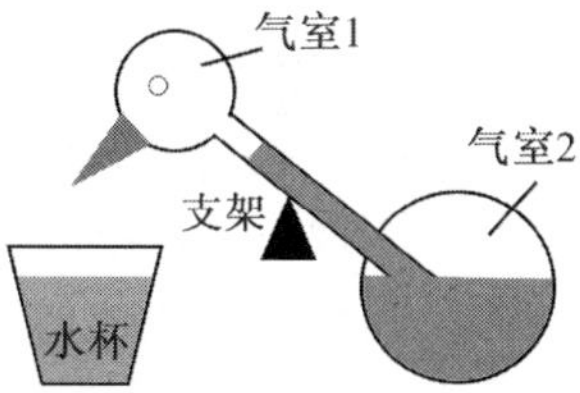

图 22-2 **液注上升**

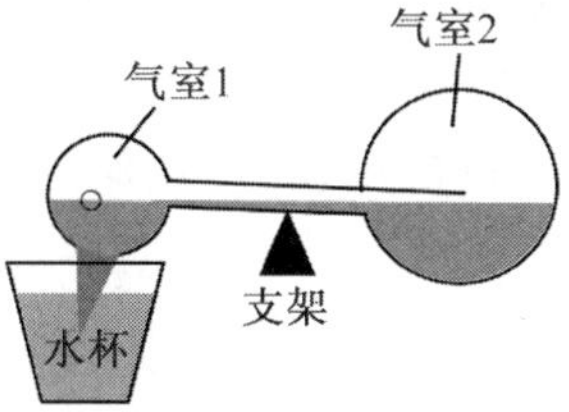

图 22-3 **液注回流**

(3) 从外部热源吸收热量

当鸟喙刚刚接触水面时，鸟头被打湿，上、下气室正好连通，两部分气体混合，没有了压力差，但由于吸收了周围空气的热量，蒸气的温度略有上升。此时上升到头部的液体，在自身重力的作用下流向气室 2，饮水鸟尾部变重，头部向上翘，就直立起来。头部的蒸气因为刚沾到的水又开始冷却，下一次的喝水动作即将开始……

由于蒸发吸热过程带走热量 Q_1，下球气体又对外做功 W，因此混合后的气体平均温度会降低。上、下球中的气体将通过热传递吸收来自周围空气中的热量 Q，使整个装置重新回到最初时的平稳位置，并开始下一轮循环(图 22-4)。

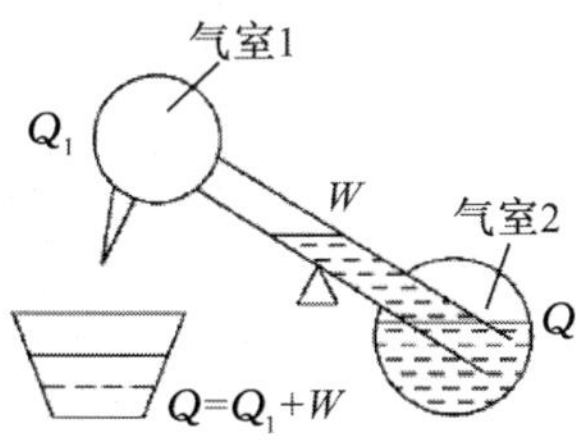

图 22-4 **能量转化**

通过以上分析，可得 $Q=Q_1+W$，这说明饮水鸟并不违背热力学第一定律，可见饮水鸟是一种遵守热力学定律的典型热机，只是由于它所消耗的能量不易察觉，才被误认为永动机。神奇的饮水鸟充分体现了我国古代劳动人民的聪明才智，为我们提供了利用天然能源的新方法。

四、拓展延伸

1. 爱因斯坦也吃惊的玩具

这个神奇的玩具叫“饮水鸟”(或“饮水小鸭”)，它既不需要电力驱动，也不需要上紧发条，只需把这只小鸟放在一杯水前面，小鸟就会俯下身去把嘴浸到杯里，“喝”完一口水，直立起来。可是直立一会儿，又会慢慢俯下身去，等到鸟嘴够到了水，“喝”了一口，又会直立起来。不断地低头“饮水”，然后又直立起来，循环往复、永无休止！

这种“饮水鸟”至少是在 20 世纪 30 年代就已经存在了。但是它到底是谁发明的？在什么时候发明的？苏联著名科普作家雅·依·别莱利曼曾在 1936 年编著的《趣味物理学续编》中提到这是一种中国的儿童玩具，并且曾有人将一只涂了颜色、看不见内部奥秘的“饮水鸟”赠送给爱因斯坦先生。当爱因斯坦看过并明白其原理时，真的十分惊叹“饮水鸟”的巧妙设计。因此这个玩具也被叫作“爱因斯坦也吃惊的玩具”！

2. 简易毛细型饮水鸟

简易毛细型饮水鸟由底座、支架、水杯、水槽、脱脂棉花、鸟形体、铁丝(连接轴)等组成，如图 22-5 所示。先把底座跟支架装起来后，再把铁

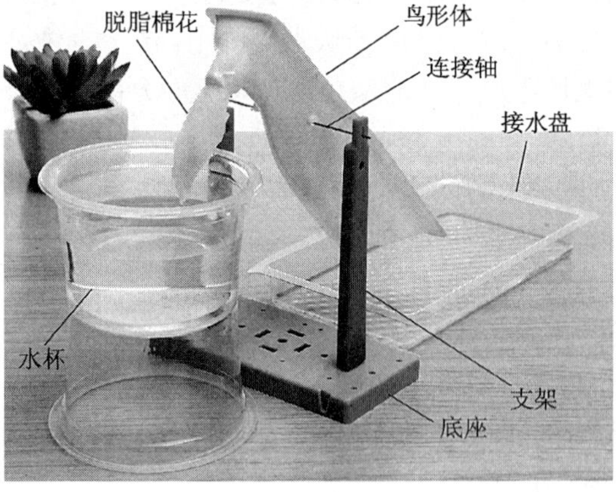

图 22-5　简易饮水鸟

丝从外侧先穿过一根立柱，再分别穿过鸟形体两侧的小孔和另一根立柱；将底座组装好的鸟形体放入水槽一侧，把棉花浸水后塑成条状放入鸟形体中(鸟形体前端的棉花要多一些，使鸟形体向前倾斜)，水杯内装满水后放置于鸟头下方，适当调整水杯的高度(将棉花前端拉长少许，使之能够接触到杯中水)。

在饮水鸟处于平衡状态时，饮水鸟头部垂下来的棉花不断地把水吸上去，棉花中的水越来越多，就会顺着棉花向饮水鸟尾部汇集，造成鸟尾部水量增加，重量逐渐加大，当鸟尾部的重量超过鸟头部的重量时，鸟头部就仰了起来，尾部下垂，里面的水就被倾倒。鸟尾部的水倾倒后，鸟头部的重量大于鸟尾部的重量，致使鸟头部下沉，鸟头部的棉花则浸到水中，脱脂棉花在水中因毛细现象把水引到鸟体中，鸟体中的棉花也因毛细现象又把水引到鸟尾部，当聚到一定量时，又会回到之前的状态，如此反反复复，构成一个循环状态。

3. 青藏铁路上的热管

由我国自行设计、建设的青藏铁路二期工程格尔木至拉萨段，成功穿越了约 550 km 的连续多年冻土区，是全球目前穿越高原、高寒及多年冻土地区的最长铁路[图 22-6(a)]。多年冻土的活动层反复冻融及冬季不完全冻结，会危及铁路路基。青藏铁路建设者创造性地提出了“主动降温、冷却路基、保护冻土”的新思路，采用了高效热导装置、热棒新技术等措施。图 22-6(b)所示的金属棒为竖立在青藏铁路路基两侧的热棒。

(a)　　(b)

图 22-6　青藏铁路热棒

冬季气温低于地温，冷凝段温度低于路基温度，列车运行使地温进一步升高，引发热棒蒸发段吸收冻土热量，并传送至冷凝段散发至大气中(图 22-7)。

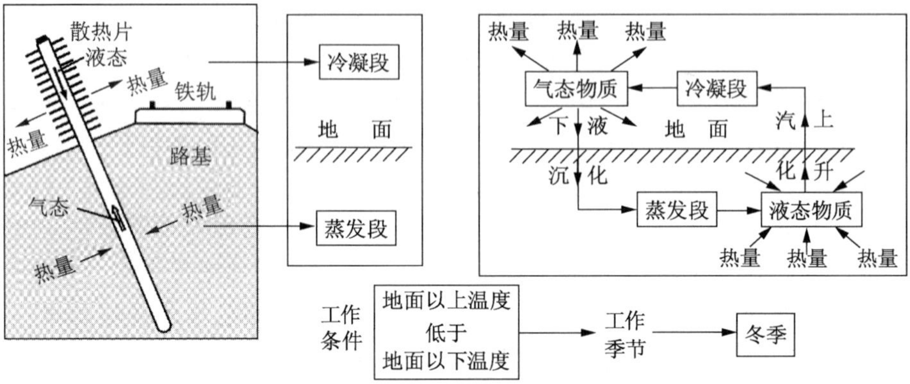

图 22-7　**青藏铁路路基降温系统**

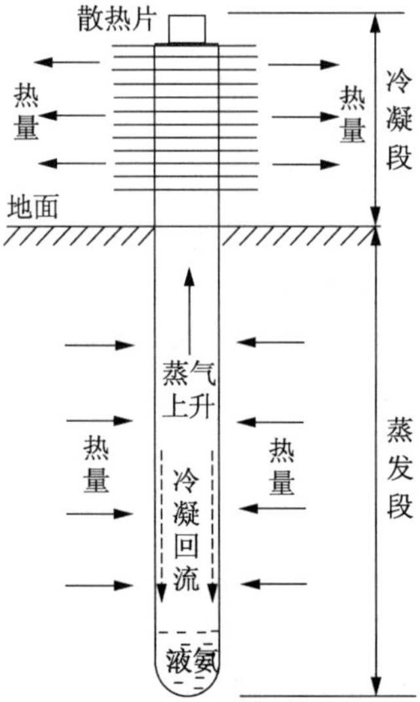

图 22-8　**热棒的工作原理**

热棒采用氨作为工质，通过汽化吸热、液化放热的特点实现单向导热。散热工作原理如图 22-8 所示。被埋在路基两侧的热棒是全封闭管状结构，直径约15 cm，地下部分为 5 m，露出地面 2 m，热棒下部的液氨温度较低，能够吸收路基中多余的热量。液氨吸热后汽化，由于体积膨胀，会向热棒顶端移动。热棒顶端露出地面，并装有散热装置，由于空气温度低，加之蒸气压的作用，氨将热量散至空气中，自身冷凝成为液体流回管底。通过汽化、液化过程的循环，热棒不断将路基的热量散发至空气中，保护了青藏高原冻土层的稳定。

附录

附录1　用电磁继电器演示门电路

门电路是逻辑电路的基础，理解门电路的工作原理，掌握其特性，对进一步学习逻辑电路、开发与逻辑电路有关的应用有重要意义。但由于常见门电路都是以芯片形式出现的，学生不能观察内部结构，不便于学生理解原理。电磁继电器是学生熟知的电器元件，本文用电磁继电器来演示基本门电路，直观形象地介绍了门电路的工作原理，帮助学生更好地建立“逻辑”概念，并用电磁继电器设计制作了一台三路抢答器，展示了门电路在实现某项特定功能时的工作过程。

一、电磁继电器的特性

如附图1-1所示，电磁继电器由电磁铁A、衔铁B、弹簧C、动触点D、常闭静触点E和常开静触点F组成。当电磁铁接通电源后，电磁铁产生磁性将衔铁吸下，动触点D与静触点F接触；当电磁铁断开电源后，电磁铁失去磁性，弹簧将衔铁拉起，动触点D与静触点F分离，随即与静触点E接触。根据这一原理，工程技术上常将电磁继电器用作电路的控制部分，如用低电压的通断来控制高电压的通断，从而达到保障操作人员安全的目的。同时注意到触点部分只有通和断两种状态，这相当于一个自动开关，恰好对应逻辑电路的真和假，这为我们用电磁继电器来实现门电路功能提供了可能性。

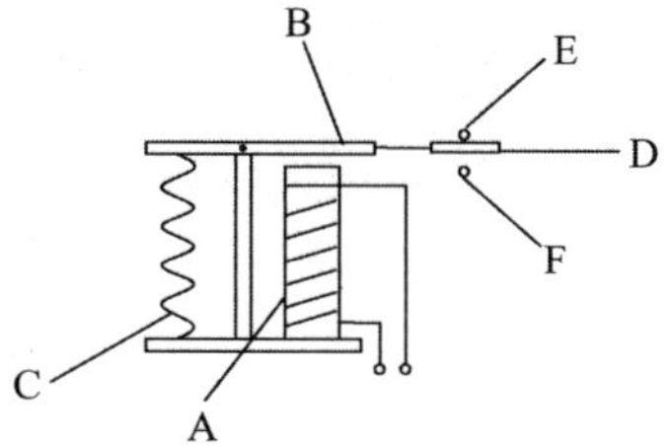

附图1-1　电磁继电器

二、基本门电路

1. 与门电路

与门电路的逻辑关系为：当输入端都为真（高电压）时，输出端为真（高电压）；当输入端有一路为假（低电压）时，则输出端即为假（低电压）。

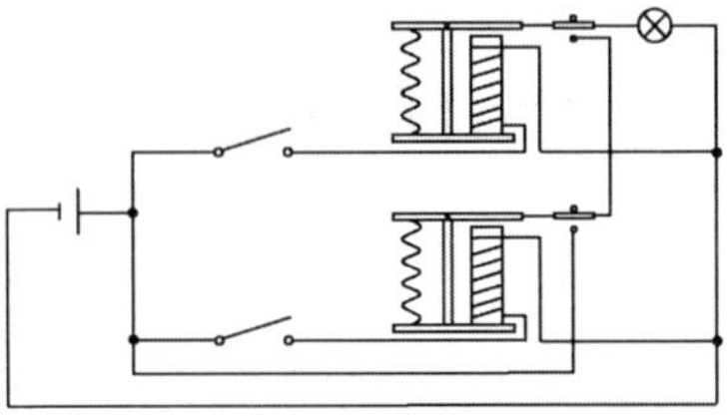

附图 1-2　与门电路

与门电路至少有两个输入端，因此也至少用两个电磁继电器才能实现“与”逻辑功能，如附图 1-2 所示。两组常开触点与动触点采用串联接法，当两个电磁铁均通电时，与灯泡相连的电路即接通，当有一个电磁铁不通电或两个均不通电时，则与灯泡相连的电路断开。附图 1-3 所示为用电磁继电器制作的与门电路，当两个开关均闭合时，小灯泡发光，如附图 1-3(a)所示；当有一个开关不闭合或两个开关均不闭合时，小灯泡均不发光，如附图 1-3(b)所示，符合与门电路的要求。

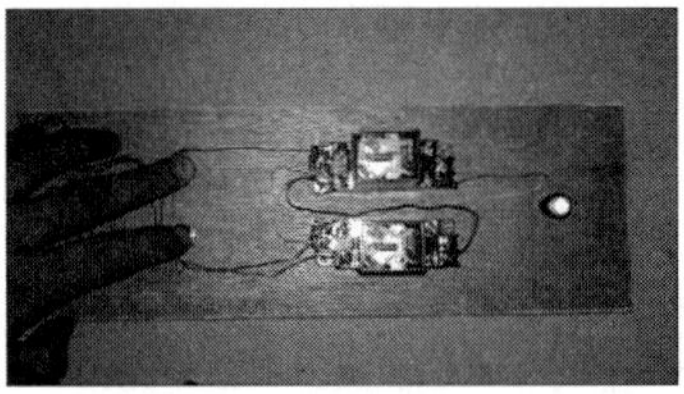

(a) 小灯泡发光

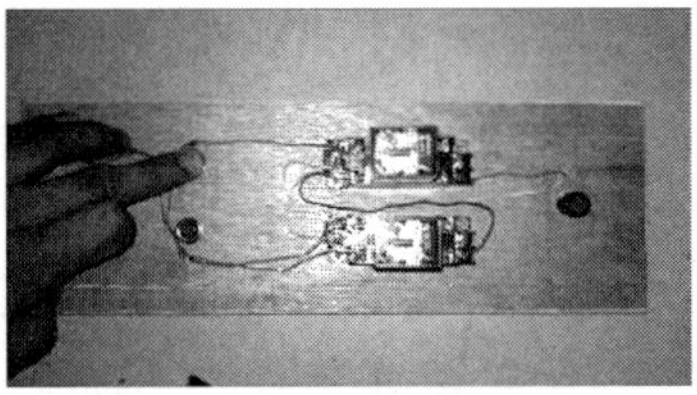

(b) 小灯泡不发光

附图 1-3　与门电路测试

若需三路或三路以上的输入端，只要把三个或三个以上的电磁继电器触点部分串联，原理与上面相同。

2. 或门电路

或门电路的逻辑关系为：当输入端有一路或两路为真（高电压）时，输出端为真（高电压）；当输入端都为假（低电压）时，则输出端即为假（低电压）。

或门电路也至少有两个电磁继电器，两组常开触点与动触点采用并联接法，如附图 1-4 所示（只画出了触点部分，略去了电磁铁等部分）。当两个电磁铁有一个接通或均接通时，与灯泡相连的电路即接通；当两个电磁铁均不接通时，则与灯泡相连的电路即断开。附图 1-5 所示为用电磁继电器制作的或门电路，当有一个开关闭合或两个开关均闭合时，小灯泡发光；当两个开关均不闭合时，小灯泡不发光，符合或门电路的要求。

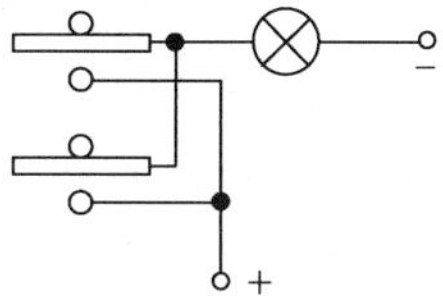

附图 1-4　或门电路

多路输入的或门电路只要把多个电磁继电器触点并联即可。

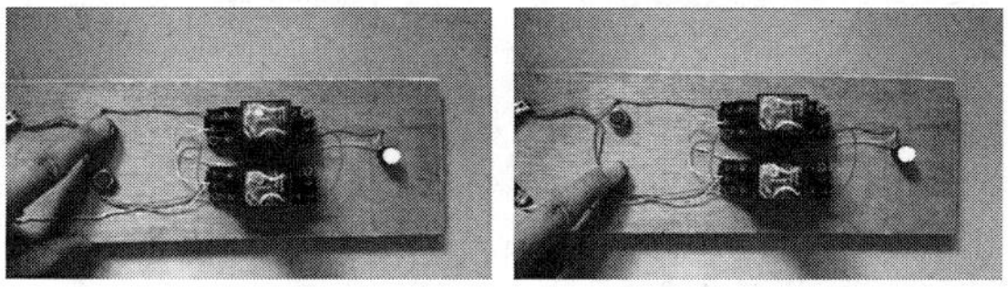
(a) 小灯泡发光　　(b) 小灯泡发光

附图 1-5　或门电路测试

3. 非门电路

非门电路的逻辑关系为：当输入端为真（高电压）时，输出端为假（低电压）；当输入端为假（低电压）时，则输出端即为真（高电压）。

非门电路只要一个电磁继电器，将继电器的常闭触点接入电路，如附图 1-6 所示。当电磁铁不接通时，与灯泡相连的电路接通；当电磁铁接通时，则与灯泡相连的电路断开。附图 1-7 所示为用电磁继电器制作的非门电路，当开关断开时，小灯泡发光；当开关闭合时，小灯泡不发光，符合非门电路的要求。

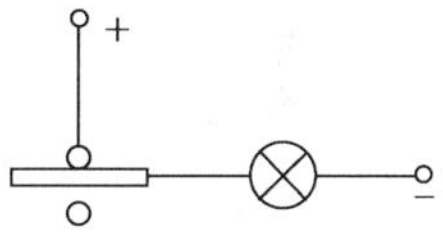

附图 1-6　非门电路

(a) 小灯泡发光　　(b) 小灯泡不发光

附图 1-7　非门电路测试

4. 或非门电路和与非门电路

或非门电路可用或门电路和非门电路串接得到，与非门电路也是如此，但充分利用电磁继电器的常闭触点可简化设计。

附图 1-8 所示为或非门电路，两组常闭触点与动触点串联连接，当两个电磁铁有一个接通或均接通时，小灯泡不发光；当两个电磁铁均不接通时，小灯泡发光。

附图 1-9 所示为与非门电路。

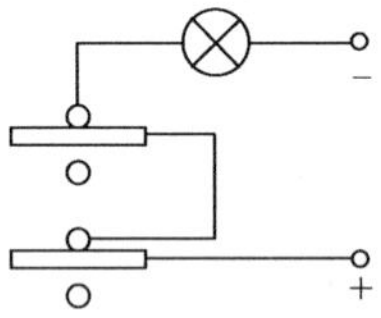

附图 1-8　或非门电路

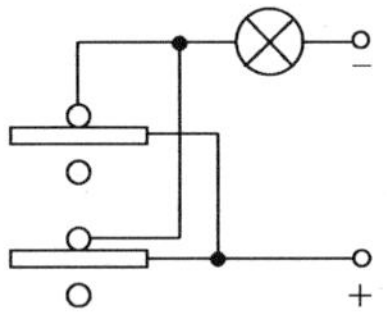

附图 1-9　与非门电路

三、三路抢答器的设计与制作

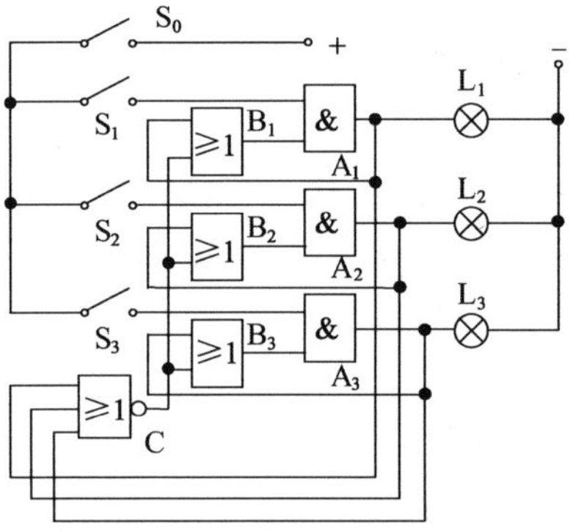

附图 1-10　三路抢答器电路

抢答器在娱乐问答、智力竞赛等方面有广泛应用，附图 1-10 为平时教学演示而设计的一种三路抢答器原理图，它由以下几个部分组成：三个与门电路 A_1、A_2、A_3，三个或门电路 B_1、B_2、B_3，一个三路输入的或非门电路 C，一个复位开关 S_0，三个抢答开关 S_1、S_2、S_3（常开开关，带自锁装置，作用下文解释），三只指示灯 L_1、L_2、L_3。

在三个抢答开关均断开的情况下首先闭合复位开关 S_0，此时三个与门电路各有一路输入端与尚未闭合的抢答开关相连，都获得低电压，则其输出端也都为低电压，三个指示灯均不亮。但或非门电路 C 由于三路输入均为低电压，则 C 的输出端为高电压，三个或门的输入端均有一路为高电压，则它们的输出端也都为高电压。也就是说，在闭合复位开关后但没有闭合抢答开关之前，三个与门电路的输入端均有一路为高电压，另一路与抢答开关相连的输入端为低电压，此时任意闭合一个抢答开关，均能使与之相连的与门电路输出高电压，从而使相应的指示灯发光。设抢先闭合开关 S_1，那么与门电路 A_1 输出高电压，指示灯 L_1 发光，同时 A_1 输出的高电压也到达或门电路 B_1 和或非门电路 C，于是 C 向 B_1、B_2、B_3 输出低电压，但由于 B_1 另一路已输入高电压，所以 B_1 能继续向 A_1 输出高电压，从而使指示灯 L_1 持续发光，而 B_2、B_3 只能向 A_2、A_3 输出低电压，此时再闭合 S_2 或 S_3，相应的指示灯也不会发光，这样就达到了抢答的目的。抢先闭合 S_2 或 S_3，工作过程相同。当要恢复原状时只要将复位开关断开再闭合即可。

经过数字电路仿真系统 2006SE 测试，以上设计是正确的，能实现抢答功能，附图 1-11 为软件界面截图。这种抢答器的优点是结构简单可靠，而且可以进行多路扩展。

附图 1-12 为用电磁继电器制作的三路抢答器的设计图，最右边一排从上到下每相邻两个继电器构成一组与门电路，中间一排从上到下每相邻两个继电器构成一组或门电路，左下角一排为有三个输入端的或非门电路。

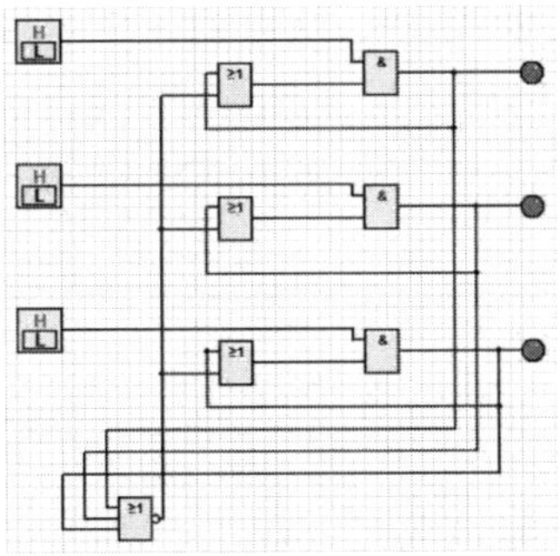

附图 1-11　抢答器软件测试界面

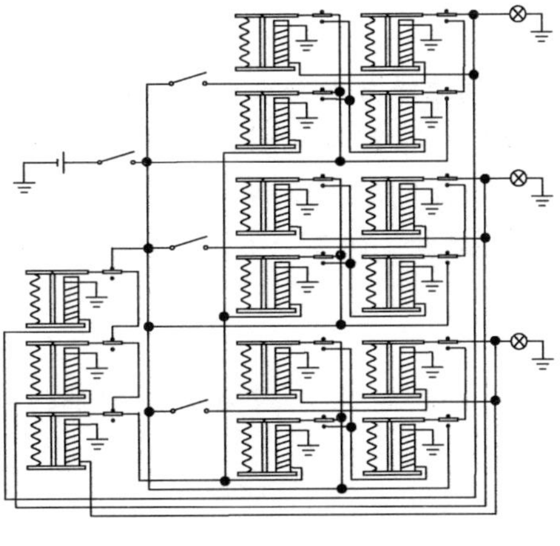

附图 1-12　三路抢答器结构

附图 1-13 为用电磁继电器制作好的抢答器实物图，其中开关边上的三个小方块也是电磁继电器，其主要作用是实现抢答开关的自锁功能，即按下抢答开关，该继电器也工作，当松手后开关弹起来，它能保持开关两端仍处于接通状态，如附图 1-14 所示。附图 1-15(a)反映了抢先闭合开关 S_1 后抢答器的工作过程，再闭合 S_2、S_3，则对应灯不发光，如附图 1-15(b)、附图 1-15(c)所示。复位开关为外接，所用电源为 12 V 直流电。

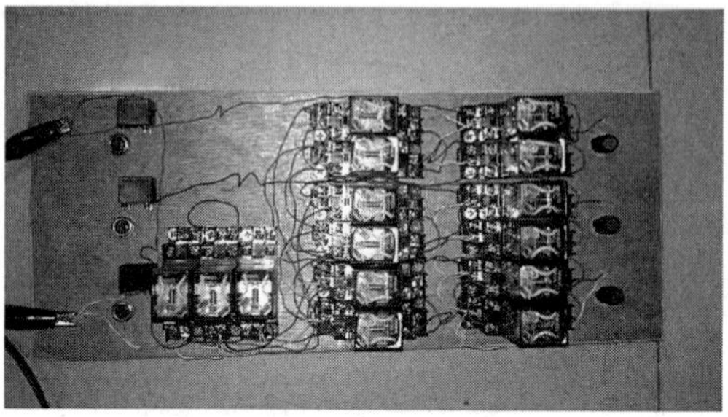

附图 1-13　抢答器实物图

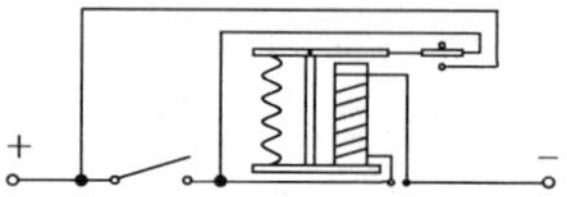

附图 1-14　继电器连接

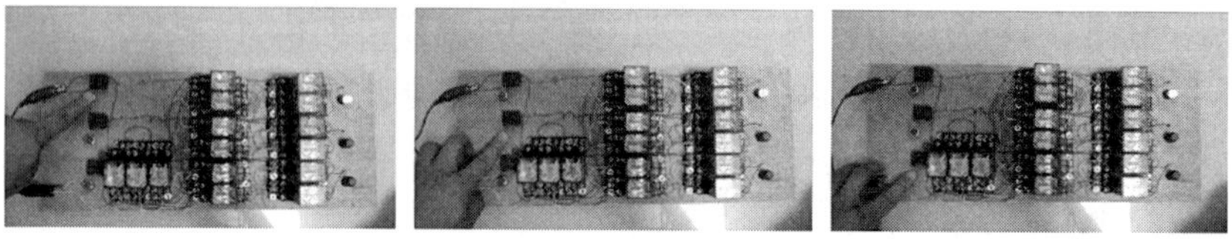

(a) L_1 发光　　(b) 仍然是 L_1 发光　　(c) 仍然是 L_1 发光

附图 1-15　抢答器测试

用电磁继电器来做门电路和抢答器肯定比芯片做得复杂和笨重，但作为中学教学使用，它可以让学生看清其基本结构，这有助于学生领会门电路的基本原理，明白其在具体应用电路中的工作过程，同时通过继电器“跳上跳下”的动作能将门电路“化静为动”，增强了演示实验的趣味性。

[孙炳盛.用电磁继电器演示门电路[J].物理教学，2013，35(4)：26－28.]

附录2 拓展教材贴近生活 巧用实验增强趣味

——“探究感应电流的产生条件”三个拓展性实验

物理是以实验为基础的学科，物理教学也要突出物理实验的作用。中学物理教学过程中除了要做好教材中的演示实验和分组实验外，根据教学实际开发一些拓展性实验也是有益的。人教版物理教材3－2第四章第二节“探究感应电流的产生条件”教学过程中，在完成教材中的实验后，围绕教学目标补充“无线充电”“无线传声”“自制电吉他”三个实验，既紧扣产生感应电流条件中的“变化”二字，又突出了物理的应用性和趣味性，能起到很好的教学效果。

一、无线充电

目前无线充电在一些电器上已经开始使用，如部分品牌手机、智能手表、电动牙刷等。无线充电利用交流电产生变化的磁场，使感应线圈中磁通量发生变化产生感应电流，通过电路转换成直流电流入锂电池。附图2-1所示是利用电动牙刷的充电底座做的实验，线圈用漆包线绕50匝左右，直径约4 cm，线圈末端接两只发光二极管。当线圈逐渐靠近充电底座时，二极管逐渐变亮，当线圈放在底座上时二极管亮度最高。该实验利用了电动牙刷充电底座产生的变化磁场使感应线圈中产生感应电流的原理，实验效果明显。该实验可以作为新课引入实验，用该装置做实验比用电磁炉做实验方便。

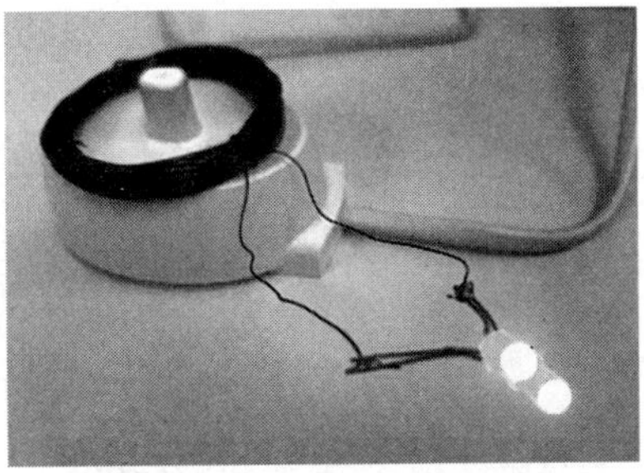

附图2-1 电动牙刷底座感应

在总结归纳出感应电流产生条件后，还可以将该实验再做进一步分析，除了分析无线充电原理外，可以让学生思考如果充电底座中的励

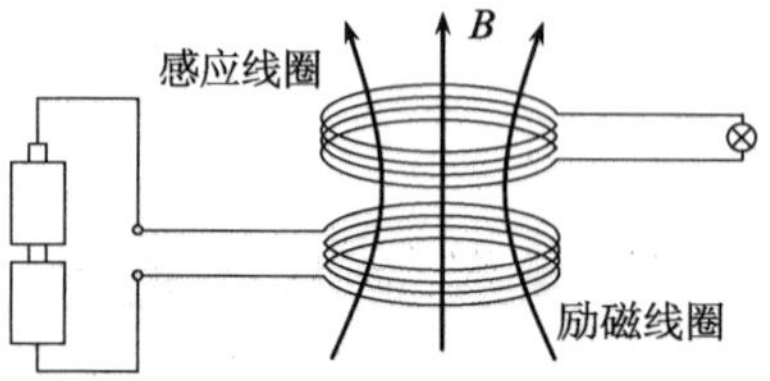

附图 2-2　恒定磁场不能产生感应电流

磁线圈接上恒定电流，怎样使感应线圈获得电流呢（附图 2-2）？学生往往会提出可以通过不停地通断励磁线圈中电流的方法来实现，这是可行的。事实上无线充电手机在进行充电时，从充电头流向充电底座的电流是恒定电流（即普通 USB 端口的电流），在底座中有特殊电路将恒定电流转换成高频交流电，从而获得变化的磁场，让感应线圈中磁通量发生变化，产生感应电流。

课堂上为了突出"变化"的特性，可以将这一过程用机械转换的方法来加以实现。如附图 2-3 所示，在马达轴上固定一直径为 2 cm 的薄强磁片，磁片厚度不超过自身直径。当马达接在干电池两端时，强磁高速旋转。将旋转的强磁放入线圈内部，保证旋转轴与线圈基本平行，这时二极管发光，证明线圈中有感应电流，如附图 2-4 所示；但是当旋转轴与线圈平面垂直时，二极管就不发光了。

附图 2-3　马达前端安装磁片

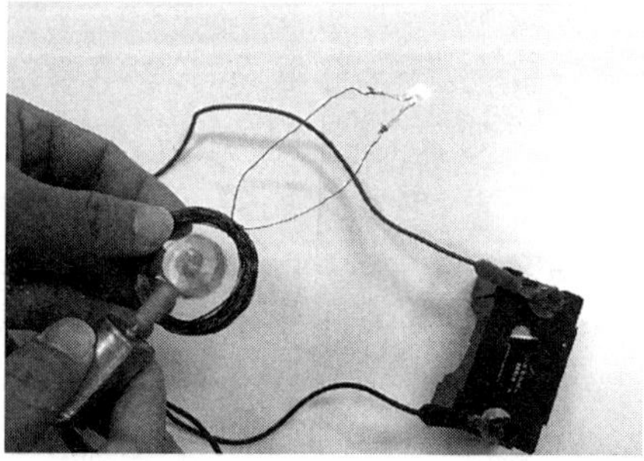
附图 2-4　旋转的磁铁产生感应电流

以上实验围绕无线充电，突出磁通量的"变化"，比较贴近生活，学生对产生感应电流的条件有充分的认识。

二、无线传声

如附图 2-5 所示，无线传声是很多教师喜欢做的实验，这个实验利用实验室普通的线圈，将音乐"隔空"传递到音箱，学生对实验结果感到很意外，课堂教学气氛非常好。该实验的关键是副线圈（即大线圈）必须接在音箱的话筒 MIC 接口，而非音频 AUX 接口，否则声音会很小或者听不到声音。当把手机音量调到最大时，原线圈不必放入副线圈内部，在距离副线圈 10 cm 左右音箱就会有较大声音。来回调整原副线圈的距离，音箱的声音会忽大忽小地变化。由于手机输出的音频电流是带有声音信息的变化电流，产生的磁场也是随声音信息变化的磁场，副线圈中产生的感应电流同样会随声音信息变化，最终输入音箱可以发出相应的声音。

这里还要重点突出磁通量的“变化”，因此有必要让学生对原线圈中的电流“变化”有直观的认识。可以将手机音频信号输入示波器，并且单独接一个扬声器，学生一边听扬声器里播放的音乐，一边观察波形的跳动，便能感受到电流的确在“变化”，如附图 2-6 所示。

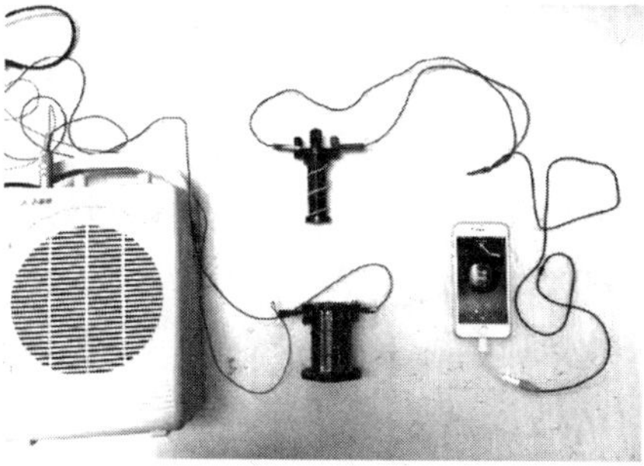

附图 2-5 无线传声实验

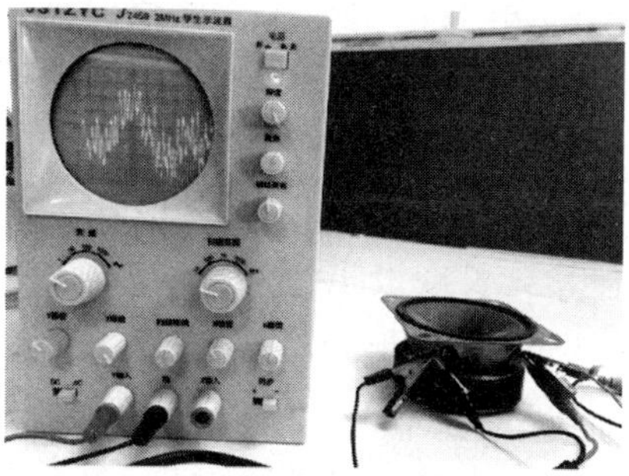

附图 2-6 声音转化为变化的电流

通过这个实验，学生体会到变化的电流与磁场除了可以传递能量外，还可以传递信息，加深对所学知识的理解，领悟物理的趣与妙。

三、自制电吉他

电吉他是科学与艺术相结合的产物，磁化的琴弦振动时，引起拾音器线圈中磁通量的变化，产生感应电流，经过电路放大后传送到音箱发出声音。附图 2-7 所示是利用切割磁力线产生感应电流的原理制作的简易电吉他，它除了能够展示电磁感应的原理以外，还能够演奏乐曲，附图 2-8 是其结构图。

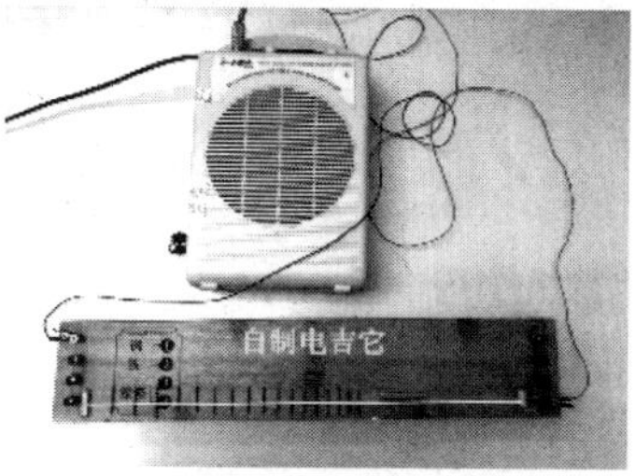

附图 2-7 自制电吉他

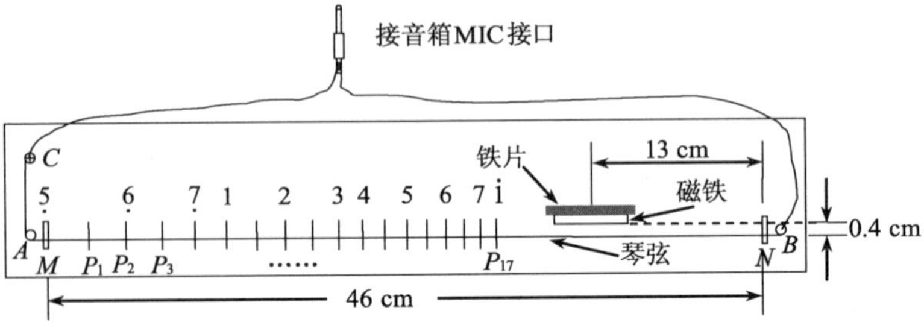

附图 2-8　自制电吉他结构图

吉他底板采用测定金属电阻率实验所用的底板，长 55 cm，A、B 处是一对接线柱，将 C 处接线柱拆除，拧入螺丝钉。为使音色尽可能动听，琴弦选用民谣吉他弦的第二弦（第二细的弦），一端固定于 B 处的接线柱上，绕过 A 处的接线柱后缠在 C 处的螺丝钉上，旋转 C 处的螺丝钉，可以调整弦的松紧。M、N 处是两片厚为 0.6 cm 的窄木片，压在琴弦下面，起到限定琴弦高度和有效长度的作用，相当于琴码，这里使琴弦长度设定为 46 cm。磁铁选用长、宽、厚分别为 4.8 cm、2.4 cm、0.4 cm 的矩形强磁片，磁极是两个大的矩形面。安装磁铁时先在距离琴码 N 13 cm 处安装一条形铁片，再把磁铁立着吸在铁片上，保证磁铁的大矩形面与琴弦平行，距离琴弦 0.4 cm，这样既能使琴弦自由振动，又能产生足够大的感应电流，且磁铁可以方便拆装（下文说明作用），如附图 2-9 和附图 2-10 所示。

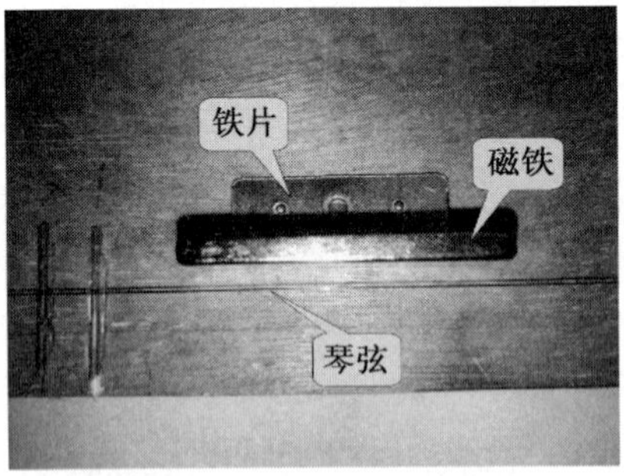

附图 2-9　磁铁的安装（俯视）

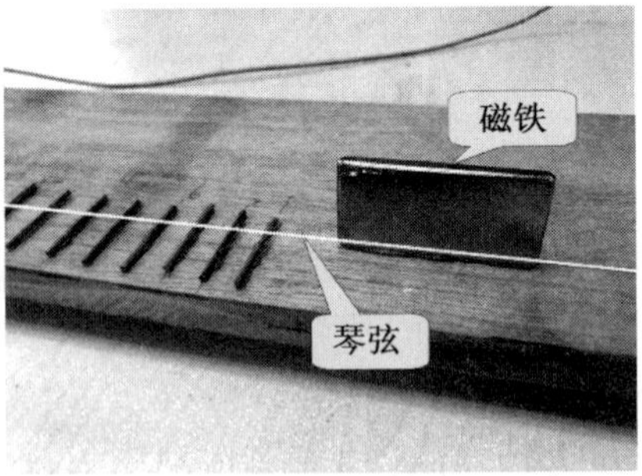

附图 2-10　磁铁的安装（测试）

在 B、C 上连接导线输入音箱 MIC 接口，拨动磁铁附近琴弦，琴弦振动切割磁力线，产生感应电流，通过音箱放大发出动听的声音。但是单纯发出声音实验的趣味性还不够，要能够像真吉他一样发出不同音调并且可以演奏音乐，这个实验才震撼。于是需要给吉他安装控制音调的“格子”，吉他术语中称为“音品”，各音品的位置可按如下方法计算得出。

从琴码 M 到第一品 P_1 的距离为

$$MP_1=\frac{MN}{17.817}\ \text{cm}=2.58\ \text{cm}$$

第二品 P_2 到第一品 P_1 的距离为

$$P_1P_2=\frac{P_1N}{17.817}\ \text{cm}=2.44\ \text{cm}$$

以此类推，第 P_k 品到第 P_{k-1} 品的距离为

$$P_{k-1}P_k=\frac{P_{k-1}N}{17.817}\ \text{cm}$$

标记琴码的位置时为了防止移动刻度尺带来的误差，可以转化成每一个音品到琴码 M 的距离，用一把长一点的刻度尺一次性测量并标注。音品选用直径约为 0.2 cm 的木质牙签制作，将牙签分成长 3 cm 的小段，用热熔胶固定在相应位置处，安装 17 个音品，可以发出从 $\underset{\cdot}{5}$ 到 $\dot{1}$ 之间的各个音，各音品间的音程关系在附图 2-9 中已经标明。旋转 C 处的螺丝钉，利用校音器校准其中的一个音，则其他音也相应校准，这样一把具有演奏功能的电吉他就制作完成了。

连接好导线，拨动琴弦，音箱发出声音，但是所发出的声音学生未必确信是由于琴弦切割磁力线而产生的，可以先将吸在铁片上的磁铁移走再拨动琴弦，发现只有琴弦的微弱声音，音箱不发声；一边拨动琴弦，一边将磁铁靠近琴弦，音箱中的声音会逐渐变大。通过反复几次对比，就可以充分说明音箱发出的声音是由于琴弦切割磁力线而产生的。然后教师可以先示范一首简单的曲子如《小星星》(简谱如附图 2-11 所示)，再邀请一两个学生亲手体验，只要稍有音乐知识的学生都能很快演奏，音乐耳熟能详，实验趣味盎然。

利用木板、金属丝、磁铁这样简单的物品制作电吉他，竟可以演奏出欢快的乐曲，给学生强烈的震撼，学生不但加深了对所学知识的理解，也认识到物理是如此贴近生活，如此美妙与精彩！

小 星 星

1=C $\frac{4}{4}$　　　　　　　　佚名 词曲

1 1 5 5 | 6 6 5 - | 4 4 3 3 | 2 2 1 - | 5 5 4 4 | 3 3 2 - |
一闪一闪　亮晶晶，　满天都是　小星星。　挂在天上　放光明，

5 5 4 4 | 3 3 2 - | 1 1 5 5 | 6 6 5 - | 4 4 3 3 | 2 2 1 - ‖
好像许多　小眼睛。　一闪一闪　亮晶晶，　满天都是　小星星。

附图 2-11　《小星星》简谱

四、总结

以上三个拓展性实验，既紧扣教材中产生感应电流的条件，又突显了这一规律在日常生活中的应用，真实直观，效果明显，课堂上妙趣横生。在日常教学中多动脑、动手，有很多类似的实验可以做，这些拓展实验能让物理课堂生动起来、丰富起来，给学生留下深刻的印象，激发学生学习物理的热情。

参考文献

[1] 物理课程教材研究开发中心.物理选修 3-2[M].北京：人民教育出版社，2010：5－7.

[2] 武际可.音乐中的科学[M].北京：高等教育出版社，2012：41－51.

[王晓娟.拓展教材贴近生活　巧用实验增强趣味："探究感应电流的产生条件"三个拓展性实验[J].考试周刊，2018(57)：150－151.]

附录3　自制亥姆霍兹线圈的设计与应用研究

一、背景

高中电磁学中有很多概念都比较抽象，如磁感应强度、安培力等。做好演示实验可以帮助学生形成直观认识，继而进一步建立概念、总结规律。常规做法中提供的实验用磁场存在若干不足，磁场范围较小，磁场的方向不能根据实验要求进行调整，无法提供匀强磁场。如果有一个平台提供较大范围的匀强磁场，将极大地改善课堂演示实验的效果。基于这样的考虑，设计并制作了可以旋转的亥姆霍兹线圈实验平台(附图 3-1)。

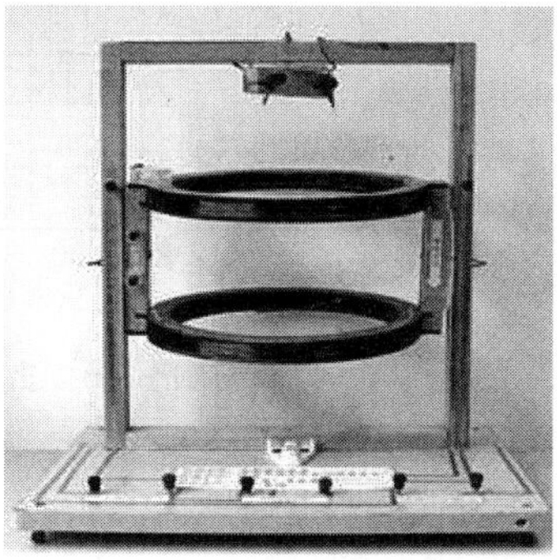

附图 3-1　可旋转亥姆霍兹线圈

二、仪器原理与制作

1. 仪器原理及特点

亥姆霍兹线圈是两个相同彼此平行且共轴的线圈。线圈通上同方向的电流，理论计算证明：线圈间距等于线圈半径时，两线圈的合磁场在轴上附近较大范围内是均匀的。可旋转亥姆霍兹线圈就是将自制的亥姆霍兹线圈通过两个水平轴安装在竖直框架上的装置。仪器的主要特点是：实验操作空间大，线圈可以沿水平轴旋转，可提供匀强磁场。经过实验测得自制亥姆霍兹线圈中间磁场的磁感应强度与励磁电流强度如附表 3-1 所示，根据附图 3-2，可以看出二者之间有很好的线性关系。因此，本装置还可以实现对磁场强弱的定量研究。

附表 3-1　亥姆霍兹线圈励磁电流与磁场强度数据

电流 I/A	0.5	1.0	1.5	2.0	2.5	3.0	3.5	4.0	4.5	5.0
磁感应强度 B/mT	0.67	1.53	2.26	2.86	3.63	4.33	5.18	5.93	6.67	7.35

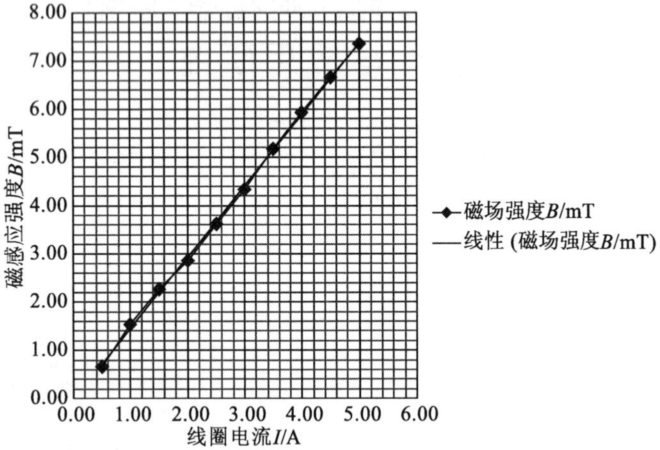

附图 3-2　亥姆霍兹线圈电流与磁场的关系

2. 仪器制作

笔者制作的亥姆霍兹线圈作为一个能够完成多种实验的平台，其结构如附图 3-3 所示。

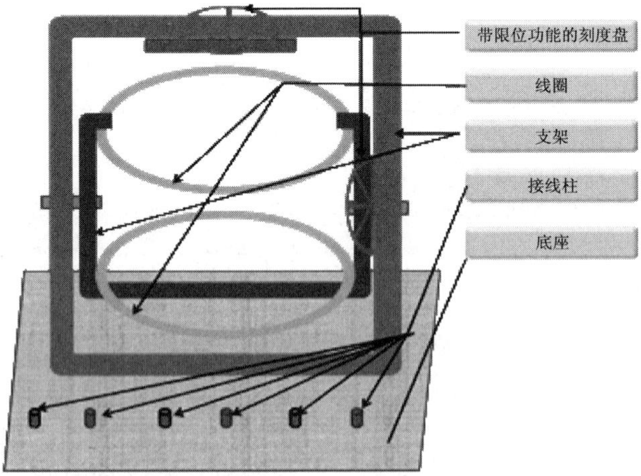

附图 3-3　可旋转亥姆霍兹线圈结构图

仪器可以分成三部分：亥姆霍兹线圈、框架、底座。

亥姆霍兹线圈是用夹板做成两组凹槽，缠绕 0.7 mm 的漆包线绕制而成的。每组线圈 240 匝，线圈内径 240 cm，外径 280 cm，线圈间距 130 cm。将亥姆霍兹线圈通过两个水平轴与框架连接，线圈可以绕轴转动。在线圈侧面装有一个圆形的刻度盘，通过刻度，可以判断线圈沿水平轴转动的角度。

框架用绝缘材料做成(先后做了两个，分别采用木材和亚克力)，顶部装有一个可旋转挂架、一个圆形刻度盘。挂架上装有两个接线柱可以外接电源，挂架可以悬挂导线棒。刻度盘可以显示挂架旋转的角度。

底座上装有接线柱，用导线分别与顶部挂架接线柱和亥姆霍兹线圈连接，通过接线柱可以实现为线圈和挂架上悬挂导线供电。在底座上还装有两个水平仪，帮助底盘调节水平。

三、仪器的应用

1. 安培定则的验证

将小磁针分别摆放在线圈内部和线圈的正前方，给线圈通电，观察其通电前后小磁针的指向情况。可观察通电环形线圈周围的磁场分布(附图 3-4)，验证安培定则。

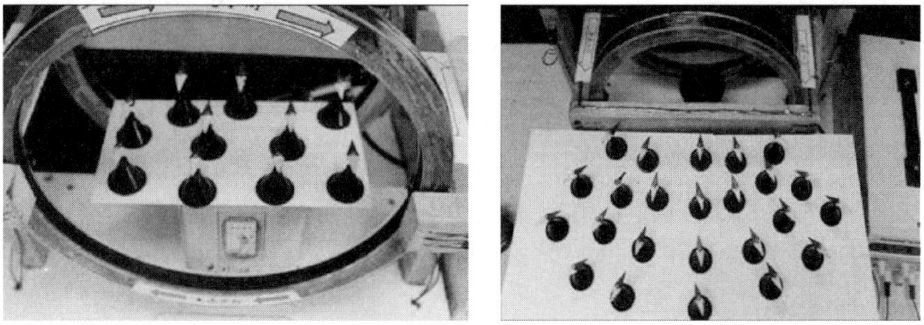

附图 3-4　线圈通电后周围小磁针分布

2. 左手定则的验证

将导线粘在细的木条上，用细的漆包线悬挂在挂架上，保证木条水平，按照接线柱颜色通上励磁电流，给悬挂在挂架上的导线通以电流，发现导线向左侧偏转(附图 3-5)。根据右手定则，判断亥姆霍兹线圈中磁场的方向，悬挂导线的偏转方向与左手定则判断结果一样。改变励磁电流方向或导线电流方向，继续验证左手定则。

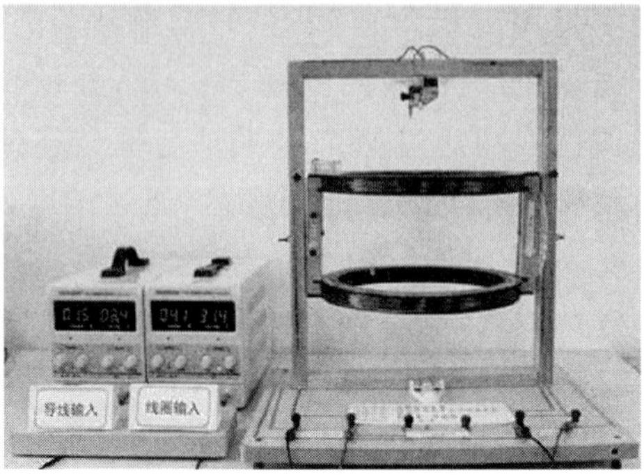

附图 3-5　左手定则验证实验

3. 探究影响安培力大小的因素

人教版教材的安培力演示器材(原理如附图 3-6 所示),安培力的大小变化主要通过导线摆动的角度进行比较,实际演示效果并不理想。主要存在的问题是蹄形磁铁磁场弱,磁场的大小和方向都不能变化。利用可旋转亥姆霍兹线圈可以将导线完全放入磁场中,还可以改变磁场大小和方向,较好地完成了这个实验。① 保持其他各条件不变,只改变磁场 $\boldsymbol{B}$ 的大小(通过改变励磁电流的大小实现),观察悬线摆角大小变化,研究安培力 $\boldsymbol{F}$ 的大小与 $\boldsymbol{B}$ 的大小的关系;② 只改变导线中电流 I 的大小,研究安培力 $\boldsymbol{F}$ 的大小与 I 的大小的关系;③ 只改变粘在木条上导线的匝数,研究安培力 $\boldsymbol{F}$ 的大小与 L 的关系;④ 通过旋转亥姆霍兹线圈改变磁场方向,确定 $\boldsymbol{B}$ 与 I 垂直时安培力 $\boldsymbol{F}$ 最大。

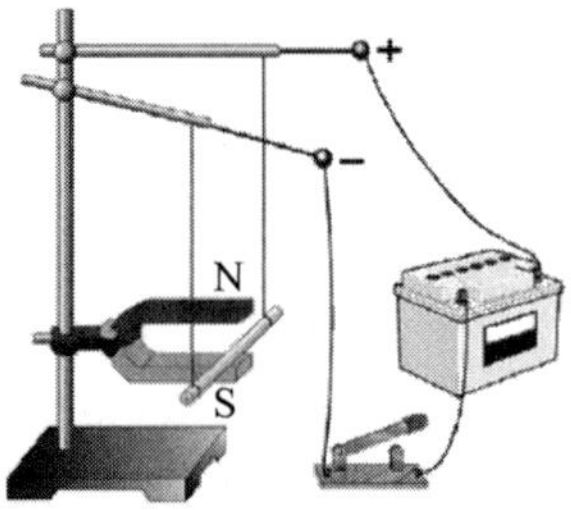

附图 3-6　安培力演示实验

4. 演示磁悬浮实验

当磁场方向为水平时,依据左手定则,使安培力方向向上,当励磁电流增加或导线中电流变大时,导线会向上移动一定的高度,导线受到的安培力和重力平衡,实现“磁悬浮”(附图 3-7)。

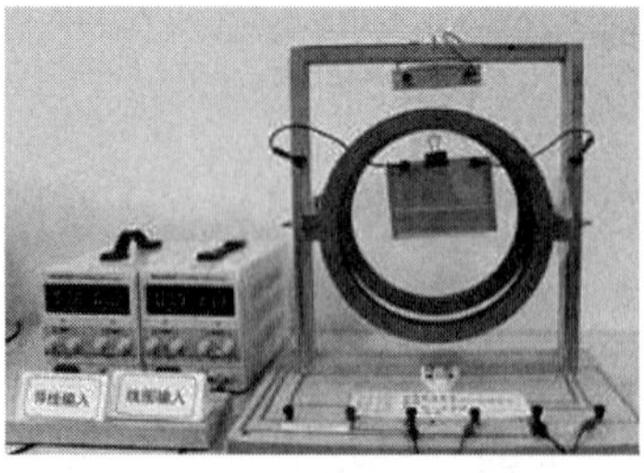

附图 3-7　磁悬浮演示实验

5. 其他实验应用

自制的亥姆霍兹线圈可以提供一个较大的磁场空间，满足很多实验的需求。如演示洛伦兹力，将阴极射线管挂在磁场中，不仅可以演示阴极射线在洛伦兹力作用下偏转，还可以观察磁场与阴极射线平行时射线的运动情况（附图 3-8）。加上交变电流，还可以完成电磁感应的一些实验。

附图 3-8　洛伦兹力演示实验

四、自制亥姆霍兹线圈应用的思考

自制的可旋转亥姆霍兹线圈，解决了部分电磁学演示实验的困难，提高了实验仪器的利用率。在教具的应用中也发现了一些问题，后期还希望继续改进装置。笔者在自制实验仪器过程中收获很大，接触了一些新知识、新技术和新材料，深感自制教具是教师提升业务很好的方法。

[赵小军，丁良峰.自制亥姆霍兹线圈的设计与应用研究[J].物理通报，2016(12)：113－115.]

附录4 探究液体压强大小的创新实验设计

一、设计背景

人教版八年级下册物理第九章第二节“液体的压强”，在建构液体压强大小的公式时提道：“要想得到液体的压强，可以设想这样的平面。这个平面以上的液柱对平面的压力等于液柱所受的重力，所以计算出液柱所受的重力是解决问题的关键。在附图 4-1 中，设液柱的高度为 h，平面的面积为 S。”通过平面所受压力与面积的比值得出液体的压强公式 $p=\rho gh$。然而老师们在实际教学中发现，构建假想水平液面直接得出液面所受压力等于正上方液柱重力，这个过程对于八年级学生太过抽象，很多学生并不理解：水平液面处的压强为什么仅是由于液面正上方液柱的压力产生的，而与液柱周围的液体压力无关。为了解决这一教学难点，笔者设计了如下一套实验器材(附图 4-2)，探究液体压强的大小和影响因素，在课堂教学中收到了很好的效果，丰富了学生的学习体验，促进了学生学科思维和探究能力的不断进步，提升了常态化教学境界。

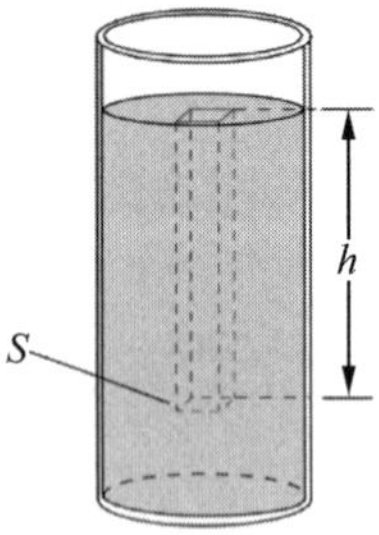

附图 4-1 选取长方形液柱

1. 盛液桶；2. 底部连通相互独立的三室容器；3. 液体密度传感器；4. 两端开口玻璃管；5. 液位传感器；6. 数据采集器

附图 4-2 实验仪器

二、实验器材

透明亚克力板、两端开口玻璃管、胶圈、橡皮膜、液体密度传感器、液位传感器等。

三、实验设计思路及探究过程

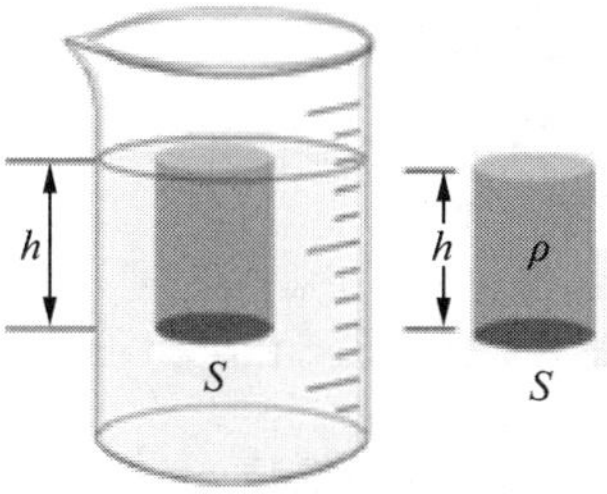

附图 4-3 取出液柱

1. 实验设计思路

如附图 4-3 所示，设法将液体中的液柱单独取出，用橡皮膜代替平面 S，液柱底部压强大小可以用橡皮膜凸起程度体现，观察取液柱前后橡皮膜的凸起程度有无变化，来判断压强的变化，这样的情境设计便于学生构建液体压强的概念。

2. 实验探究过程

此过程需要用到底部粘有橡皮膜的胶圈和两端开口的玻璃管。用胶圈堵住容器底部大孔，向容器中倒入适量的水，橡皮膜受到水的压力发生形变，向下凸起。用两端开口的透明玻璃管插入容器底部的胶圈内部，将液柱与其他部分水隔离后，打开容器侧面出水口，放出其他部分的水，由于玻璃管口和胶圈密封性很好，玻璃管内部的水不会流出，这样就取出了液柱。随着液面下降，观察底部橡皮膜凸起程度是否改变，如附图 4-4 所示。经过多次实验对比发现，取液柱前后，橡皮膜凸起程度不变，如附图 4-5 所示。

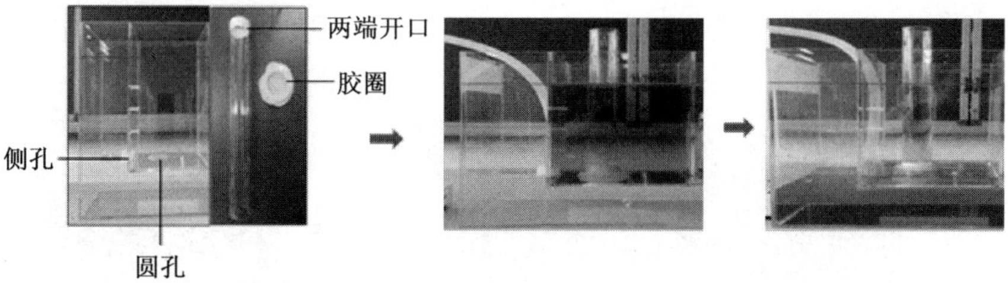

附图 4-4 观察底部橡皮膜凸起程度是否改变

由此得出平面处的压强是由其正上方液柱压力产生的，与液柱周围的液体压力无关，再引导学生由压强基本公式 $p=\frac{F}{S}$ 进行推导，得出液体压强公式：

$$p=\frac{F}{S}=\frac{mg}{S}=\frac{\rho Shg}{S}=\rho gh$$

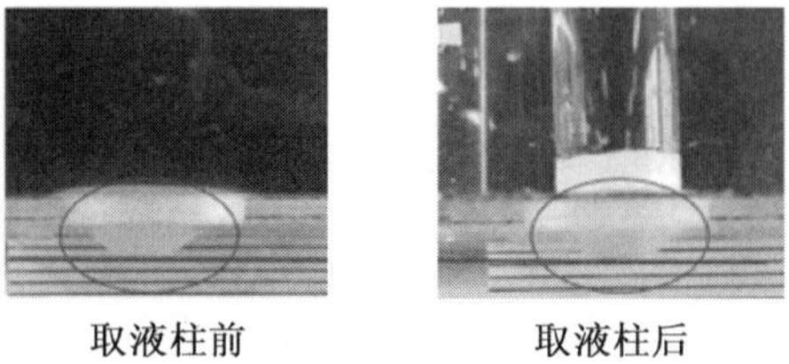

附图 4-5　取液柱前后橡皮膜凸起程度不变

四、利用数字化实验器材采集数据，验证公式的正确性

引导学生分析推导出的液体压强公式，学生发现，当液体密度一定时，液体压强与深度成正比；当液体深度一定时，液体压强与液体密度成正比。若能通过控制变量验证这两个正比关系，则能进一步证明前面实验假设和理论推导公式的正确性。

1. 探究当液体密度一定时液体压强与深度的关系

(1) 设计思路

当液体密度一定时，通过改变液体深度，用液位传感器进行实验，实时采集数据和处理数据，探究液体压强和液体深度的定性关系，若能得到液体压强和深度成正比关系，则验证了前面推导的液体压强公式的正确性，说明取液柱的方法得出的结论是正确的。

(2) 实验探究过程

在容器中注入一定深度的水，将传感器调零后放入水中，可以直接测出探头所在位置的深度和压强。打开容器下方出水口放水，液面逐渐下降，如附图 4-6 所示，每间隔 0.5 s 记录一组数据。

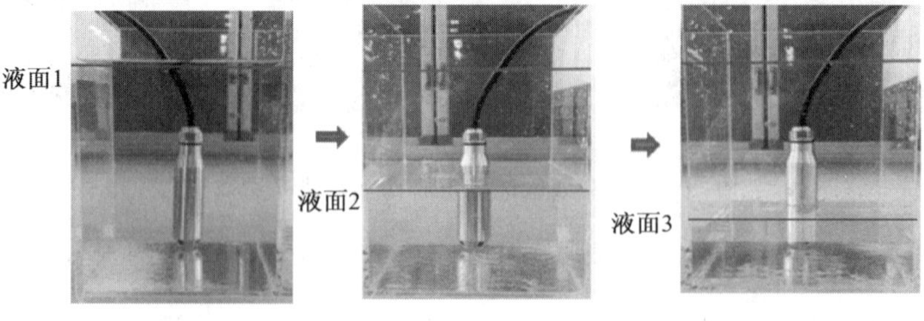

附图 4-6　探究液体密度一定时压强与深度的关系

(3) 数据分析

软件自动记录和分析多组压强和深度的数据，生成的图像如附图 4-7 所示，得到压强和深度的线性关系，验证了当液体密度一定时，液体压强与深度成正比。

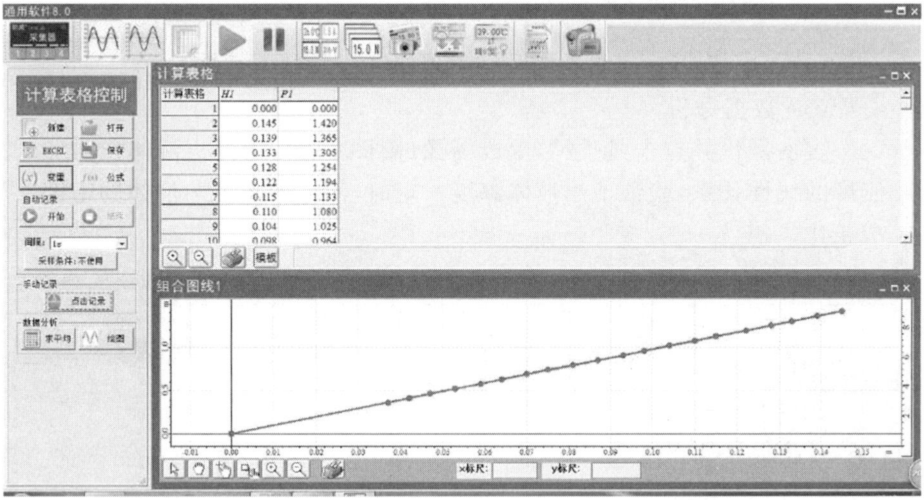

附图 4-7 液体密度一定时压强与深度的关系

2. 探究当液体深度一定时液体压强与密度的关系

(1) 设计思路

当液体深度一定时，通过改变液体的密度，利用压强密度传感器采集和分析数据，验证了上述正比关系，即验证了液体压强公式的正确性，同样说明前面取液柱的方法得出的结论也是正确的。

(2) 实验探究过程

利用溢水杯原理设计如附图 4-8 所示的圆柱形容器，其上端留有溢水口，保证液面深度不变，底部安装有密度传感器，用于测量液体的密度。实验前向容器中倒满盐水，直到盐水从上出水口流出，此时盐水液面与溢水口平齐，盐水深度一定。利用下方进水口向容器中注红色水的方式改变液体的密度，多余的水会从上出水口流出，使盐水的深度不变。待液体静止、盐水密度均匀后记录数据。

附图 4-8　探究液体深度一定时压强与密度的关系

(3) 数据分析

多次操作并点击“记录”，生成图像(附图 4-9)，得到当液体压强和密度的线性关系，验证了当液体深度一定时，液体的压强与液体的密度成正比。

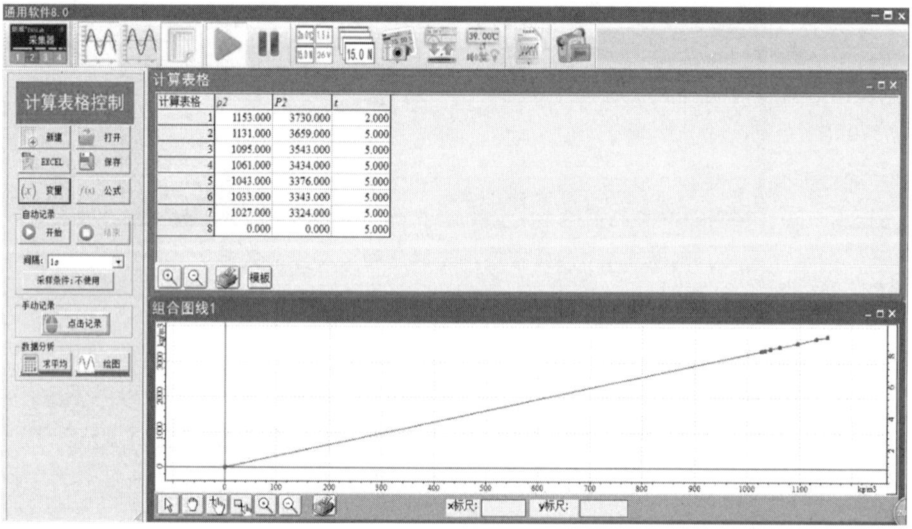

附图 4-9　液体深度一定时压强与密度的关系

五、实验创新

① 结合实验猜想、理论推导、数据验证，得出液体压强公式，并证明其正确性，使理论推导和实验验证完美结合，培养学生发现问题和解决问题的科学探究能力以及严谨的科学态度，也能让学生从探究过程中体会学习物理的乐趣。

② 应用“取液柱”方法突破了“假象平面所受压力等于其正上方液柱重力”这一难点，将抽象知识具体化，细化了物理建模过程，便于学生

理解和掌握液体压强知识。

③ 当液体密度一定时，通过放出液体的方式改变液体的深度，用液位传感器进行实验，并实时采集数据，进行处理，得出液体的压强与深度的关系，实验操作简单，数据采集准确。

④ 利用溢水杯原理设计上端留有溢水口的容器，准确控制保证液面深度不变，底部安装有密度传感器，用于测量液体密度并采集和分析数据，以弥补传统实验的不足。

⑤ 自制教具不仅可以用于探究“液体的压强”，而且可以用于连通器特点研究，还可应用到“浮力”的探究中去。

[王驰明，刘家楠，王芳.探究液体压强大小的创新实验设计[J].中学物理教学参考，2019(19)：50－52.]